Martin Bensdorf/Katharina Richter

Das PSI-Test Buch

Prüfen Sie Ihre übersinnlichen Fähigkeiten mit mehr als 30 Tests

LUDWIG

Inhalt

Als Vorbereitung auf die Tests sind Entspannungs techniken sehr hilfreich.

Neben Karten eignen sich Würfel besonders gut, um übersinnliche Fähigkeiten zu testen.

Neben einem normalen Kartenspiel brauchen Sie auch die Karten, die Sie aus dem hinteren Teil des Buches heraustrennen können.

Vorwort

Glauben Sie an die Übertragung von Information, ohne dass unsere normalen fünf Sinne daran beteiligt sind? Glauben Sie an geheimnisvolle magische Kräfte, deren Wirkung unsere Logik und unser normaler Verstand nicht erklären können?
Hinter all diesen nicht alltäglichen Dingen steckt PSI, ein Phänomen, an das viele Menschen glauben – und keineswegs, wie Kritiker und Skeptiker nach wie vor meinen, nur ein paar verirrte Spinner. Im Gegenteil. So hat die hoch angesehene Wissenschaftszeitschrift »New Scientist« einmal in einer Umfrage ihre Leser befragt, ob sie an PSI glauben. Das verblüffende Ergebnis:

- Nur drei Prozent hielten PSI-Phänomene für ausgeschlossen.
- 97 Prozent halten PSI für möglich.

In diesem Buch gibt es viele ausgewählte PSI-Tests, die Sie selbst machen können – allein für sich und einige mit einem Partner. Anhand dieser Experimente können Sie sich selbst testen: Habe ich PSI? Wo liegen meine magischen Kräfte? Kann ich meine PSI-Fähigkeiten ausbauen?

Das dürfte eine plausible Begründung dafür sein, dass z. B. Kinofilme und Fernsehserien wie »Akte X« sowie die unüberschaubare Vielzahl weiterer Veröffentlichungen aus den Grenzgebieten zwischen Okkultismus, Magie und Sciencefiction eine regelrechte Massenbegeisterung unter den Menschen ausgelöst haben.

Dabei beschäftigt die Suche nach der Begegnung mit dem Übersinnlichen die Menschheit nicht erst seit gestern. Denn für viele ist die Sehnsucht groß, zu erfahren, ob es nicht doch mehr gibt als die uns bekannte irdische Welt. Die Fragen:

- »Woher kommt die Menschheit?«,
- »Gibt es ein Leben nach ›dem Leben‹?«
- »Existiert noch mehr, wovon wir nichts wissen?«

stecken in jedem Menschen. Deshalb ist es auch gar nicht verwunderlich, dass sich Geschichten, Berichte und Analysen über außersinnliche Wahrnehmungen einer so großen Beliebtheit erfreuen. Haben Sie sich auch schon einmal gefragt, ob Sie eventuell zu denjenigen Menschen gehören, die diese geheimnisvolle PSI-Fähigkeit besitzen? Dieses Buch wird Ihnen mit seinen Tests Antwort darauf geben.

PSI – was ist das eigentlich?

»Psi« ist der vorletzte (23.) Buchstabe des klassischen griechischen Alphabets; als Symbol geschrieben sieht es so aus: Ψ. Die Vorsilbe »psi« geht auf den Anfangsbuchstaben des Wortes »psyche« (Seele) zurück. Dieses Kunstwort besitzt die gleiche Bedeutung wie »paranormal«.

Der Begriff »PSI« wird heute grundsätzlich von allen Parapsychologen akzeptiert. Man bezeichnet damit allgemein jede Erscheinung, die mit Paranormalem zu tun hat. So werden unter dem Sammelbegriff »PSI« alle außersinnlichen Fähigkeiten wie Telepathie, Hellsehen, der psychische Einfluss auf Materie (z. B. Tischerücken, Metall verbiegen) oder auch das Voraussagen der Zukunft zusammengefasst.

Doch richtig interessant wird es erst, wenn Sie selber erleben, wie PSI funktioniert, und testen, ob auch Sie über PSI-Eigenschaften verfügen! Zahlreiche Tests helfen Ihnen dabei.

Auch wenn Sie nicht über glühende Kohlen laufen oder auf einem Nagelbrett liegen möchten – hartes Training des Geistes und des Willens hilft Ihnen im Berufs- und Privatleben weiter.

Testen Sie Ihr persönliches PSI

Mit diesem Buch können Sie Ihr persönliches PSI herausfinden. Testen Sie, ob Sie hellseherische Fähigkeiten haben, die Gedanken anderer Menschen lesen oder sogar die Zukunft vorhersagen können. Außerdem sollten Sie prüfen, ob Sie Ihre Lebens- und Gedankenkraft so weit lenken können, dass es Ihnen gelingt, auf unbelebte Materie einzuwirken. Sie können es testen, indem Sie beispielsweise versuchen, Brotkörbe zu bewegen oder Gegenstände zu verbiegen, ohne sie anzufassen.

Dabei wendet sich das Buch an Menschen, die mehr über PSI erfahren und eigene Erfahrungen mit PSI sammeln wollen. Zur Lektüre brauchen Sie keine Vorkenntnisse. Alles, was Sie für die Tests wissen müssen, ist erklärt.

Also, viel Spaß mit der Erforschung von PSI!

Martin Bensdorf,
Katharina Richter
und das Team von Livingston Media

Erscheinungsformen des PSI

Paranormale Phänomene werden in allen Kulturen und in jeder Epoche beobachtet. Überall machen Parapsychologen grundlegende Versuche. Parapsychologen sind PSI-Forscher, die manchmal an Universitäten arbeiten. Sie versuchen:

- Das »Übersinnliche«, den »sechsten Sinn« der Menschen, so zu beweisen, dass wir es mit unseren fünf Sinnen erfassen können
- Das »Außerirdische« in einer Weise zu erklären, dass unser irdischer, an Raum und Zeit gebundener Verstand es begreift

Bei jedem Versuch, paranormale Tatsachen zu erklären, werden neue Begriffe entwickelt. Dabei wird mit dem Begriff »PSI« die Erscheinung nicht notwendigerweise erklärt. PSI ist vielmehr ein Hinweis darauf, mit anderen Menschen und auch Gegenständen (Materie) in einem geistig-energetischen Zusammenhang zu stehen. PSI zeigt also eine außersinnliche Verbindung sowohl zwischen Mensch und Mensch als auch zwischen Mensch und Materie. Diese Begabung hat nicht jede Person gleichermaßen, doch man kann sich auf sie einstimmen und sie lernen.

Hellsehen ist eine Kommunikation zwischen Seele und unbeseelter physischer Realität. Es gibt eine wesentliche Bedingung für echtes Hellsehen: Die Erscheinung muss so zustande kommen, dass man ausschließen kann, dass die Information einem anderen Menschen bekannt war. Denn in diesem Fall würde es sich um Telepathie handeln.

Die wichtigsten PSI-Begriffe

In diesem Buch werden einige Wörter benutzt, die nicht zu unserem täglichen Sprachgebrauch gehören. Damit Sie aber immer wissen, worum es geht, haben wir die wichtigsten PSI-Begriffe für Sie zusammengefasst.

Psychokinese (PK)

So wird die Fähigkeit genannt, mittels deren der Mensch seine rein inner seelischen Gedankenkräfte so formiert, dass er damit auf die Materie einwirken kann. Es sind Kräfte, die der Verstand nicht erklären kann.

Außersinnliche Wahrnehmung (ASW)

So heißt das Senden und Empfangen von Informationen, ohne dass unsere fünf Sinne (sehen, hören, riechen, schmecken, tasten) daran beteiligt sind. Für die außersinnliche Wahrnehmung ist also ein sechster Sinn notwendig. Zur außersinnlichen Wahrnehmung gehören folgende Beobachtungen:

- Hellsehen (Dinge erkennen, die das Auge nicht sieht)
- Hellhören (Dinge hören, die das Ohr nicht hört)
- Hellfühlen (Dinge fühlen, die unser Tastsinn nicht spürt)
- Telepathie (Gedankenübertragung – erkennen, was in einem anderen Menschen vorgeht)

Die Telepathie ist die unbewusste Kommunikation zwischen Psyche und Psyche. Das heißt, bei der Telepathie erhält eine lebende Person auf paranormalem Weg Kenntnis von einem Ereignis oder einem geistigen Zustand einer anderen lebenden Person.

Präkognition

Dies ist ebenfalls eine Form der außersinnlichen Wahrnehmung. Wir führen diesen Begriff hier gesondert auf, weil es dazu spezielle Tests gibt. Präkognition wird übersetzt mit »vorab erkennen«. Die Ereignisse, die erst in der Zukunft stattfinden werden, laufen bei der Präkognition wie ein Film vor unserem inneren Auge ab. Dabei werden die Informationen über Entfernungen übertragen, der »Sehende« muss sich also nicht vor Ort befinden.

Hellseherische Fähigkeiten, wie das Erkennen von Spielkarten, können ganz bewusst trainiert werden.

Grundlagen der Tests

Wir haben das Buch in verschiedene Testbereiche eingeteilt. Den Anfang bilden die zehn Vorbereitungstests. Diese stimmen Sie auf PSI ein: Das wirkt sich positiv auf Ihr Ergebnis aus, denn die seelische Grundbefindlichkeit spielt bei PSI eine sehr wichtige Rolle. Der PSI-Testblock mit 26 Tests gliedert sich in:

Die PSI-Forschung arbeitet viel mit Bildern und Wörtern in verschlossenen Umschlägen, um jede Art von Täuschung und Selbsttäuschung auszuschließen. Das erfordert einen hohen Zeitaufwand für doch eigentlich relativ simple Vorbereitungen.

- **PSI-Tests zur Gedankenkraft**

Diese Tests beschäftigen sich mit der Psychokinese, die Beherrschung der Materie durch die Gedankenkraft (siehe Seite 32).

- **PSI-Tests zur außersinnlichen Wahrnehmung**

Diese Tests beschäftigen sich mit der außersinnlichen Wahrnehmung, dem Senden und Empfangen von Informationen, ohne dass die bekannten fünf Sinne beteiligt sind (siehe Seite 44).

- **PSI-Tests im Traum**

Es gibt Menschen, die im Schlaf eine höhere PSI-Fähigkeit besitzen als im Wachzustand. Das sollten Sie testen (siehe Seite 72).

- **PSI-Tests unter Berücksichtigung der Psychologie**

Welchen Einfluss nehmen bestimmte Kriterien wie die Stimmung, die Tageszeit und die Entspannung auf unsere PSI-Fähigkeit? (siehe Seite 74).

- **PSI-Tests und Weissagung**

Gehören Sie zu den PSI-Begabten, die einen sechsten Sinn für Ereignisse haben, die erst in der Zukunft stattfinden? (siehe Seite 82).

Voraussetzungen für die Tests

1. Sind für die Durchführung des Tests zwei Personen notwendig, so ist es von Vorteil, wenn sich die beiden gut kennen. Die Erfolgswahrscheinlichkeit wird dadurch erhöht.

2. Die Teilnehmer unterscheiden sich bei einigen Tests wie folgt:
Testperson (testet für sich die entsprechende PSI-Fähigkeit),

Testpartner (übernimmt wichtige Hilfsarbeiten, ohne die der Test nicht durchführbar wäre),
Sender (übermittelt bei den Tests zur Telepathie die Botschaften telepathisch an die Testperson).

3. Die Umgebung spielt bei einigen PSI-Tests, so etwa bei den Tests zur Telepathie, eine wichtige Rolle. Auf den richtigen Ort wird deshalb bei Bedarf hingewiesen.

4. Über die Ergebnisse sollte immer erst am Ende des Tests gesprochen werden, sonst könnten die nachfolgenden Resultate verfälscht werden.

5. Die Testteilnehmer richten ihren Geist ausschließlich auf den Testgegenstand. Sollen beispielsweise Botschaften telepathisch ermittelt werden, müssen alle anderen Gedanken gelöscht sein. Der Übermittelnde konzentriert sich passiv und entspannt und betrachtet den zu übermittelnden Gegenstand. Aber auch der Empfänger der Botschaft muss alle anderen, störenden Gedanken ausschalten. Er sollte psychisch aufgeräumt sein, so dass er für jede Wahrnehmung offen ist.

Die PSI-Tests in diesem Buch sind so angelegt, dass Sie sehr wenig Zeit für die Vorbereitungen von Testmaterialien und Auswertungsschemata aufwenden müssen.

6. Je öfter Sie die Testreihen wiederholen, desto näher kommen Sie dem Beweis für PSI. Denn bei zahlreichen Versuchen und bestenfalls ähnlichen Ergebnissen zeigen Sie, dass es etwas gibt, was nicht mehr auf den Zufall zurückzuführen ist. Auf die Mindestanzahl von Wiederholungen wird bei den Tests jeweils hingewiesen.

7. Wir haben für jede neue Testart eine Auswertungstabelle als Muster gestellt. Sie kann für jeweils einen Testdurchgang benutzt werden. Doch in den meisten Fällen muss der Test mehrmals wiederholt werden, damit die festgestellte PSI-Fähigkeit wirklich bewiesen werden kann. Zeichnen Sie also für die weiteren Versuche die vorgegebenen Auswertungstabellen einfach ab, oder kopieren Sie sie. Verfahren Sie ebenso bei den Tests, für die nicht eigens eine Tabelle gestellt wurde.

Wichtiger Hinweis

Bitte blättern Sie nicht vorab in diesem Buch, wenn Sie die PSI-Tests machen wollen. Auf einigen Seiten stehen Testauswertungen, die Sie nicht gesehen haben sollten, bevor Sie die Tests gemacht haben. Die Tests verlieren sonst ihren Wert.

Vorbereitungstests

Die Vorbereitungstests sind für Ihr Ergebnis ebenso wichtig wie der PSI-Test selbst. Sie sind vergleichbar mit einem Aufwärmtraining beim Sport oder allgemein jeder Übung vor einem Test. Ohne Vorbereitung aber sind die PSI-Tests vergleichbar mit einem Sprung ins kalte Wasser. Gehen Sie also nicht ungeübt an die PSI-Tests, sondern machen Sie sich vorher ein wenig warm.

»Wozu brauche ich eine Vorbereitung?«, werden Sie vielleicht fragen. Schließlich wollen Sie Ihren persönlichen PSI-Faktor testen und schnell zur Sache kommen. Verständlich, aber ein wenig müssen Sie sich noch gedulden. Warum? Ganz einfach: Wie oft haben Sie sich mit der Wahrnehmung von übersinnlichen Fähigkeiten beschäftigt? Die Mehrzahl aller Leser werden »nie« oder »selten« antworten. Und das ist logisch, denn diese Eigenschaft gehört nun wirklich nicht zu denjenigen, die wir wie selbstverständlich in regelmäßigen Abständen überprüfen. Wer die PSI-Tests ernsthaft bearbeiten und seine übersinnlichen Fähigkeiten entdecken möchte, muss sich in das neue Gebiet eindenken und mit dem Vokabular umgehen können. Dazu gehören diese spielerischen Vorbereitungstests, Entspannungsübungen und kleinen Fitmacher, die Sie in den nächsten Kapiteln ausprobieren können. Sie vermeiden damit, dass die Ergebnisse über Ihre persönliche PSI-Fähigkeit verfälscht werden.

Test 1: Zeigen Sie Ihre Gefühle offen?

Nicht jeder Mensch ist offenherzig und gefühlsbetont. Das kann verschiedene Ursachen haben, die z. B. in der Erziehung oder an einer enttäuschenden Erfahrung mit einem Freund liegen können. Wem das Zeigen von Gefühlen schwer fällt, der sollte versuchen, sich von seinen negativen Erlebnissen zu verabschieden. Vieles im Leben wird leichter, wenn man etwas offenherziger an die Sache herangeht und sich nicht ständig hinter einer Maske versteckt. Denn das Verbergen von Gefühlen ist auf Dauer sehr anstrengend und führt außerdem zur Isolation. Darüber hinaus hemmt es die Sensibilität zwischen den Menschen, und PSI-Fähigkeiten wie z. B. Telepathie werden unterdrückt. Gefühle offen zeigen heißt dabei nicht etwa, dass man jedes Gefühl sofort im Gesicht ablesen können soll. Das Erkennen einer kleinen Gefühlsregung ist oft schon ausreichend für ein positives Miteinander.

Vorbereitungstest 1		
Zeigen Sie Ihre Gefühle offen?	**Ja**	**Nein**
1. Ich sage immer ganz klar, ob es mir gut oder schlecht geht.		
2. Ich bin wetterfühlig.		
3. Ich entscheide meistens aus dem Bauch heraus.		
4. Wenn sich jemand meinem Partner nähert, spüre ich Eifersucht.		
5. Ich bin manchmal richtig schlecht gelaunt, ohne den Grund dafür zu wissen.		
6. Wenn ich solche Schlechte-Laune-Phasen habe, wünsche ich mir, dass meine Mitmenschen darauf Rücksicht nehmen.		
7. Wenn ich Ärger habe, lasse ich es heraus und fresse nichts in mich hinein.		
8. Wenn mich etwas stört, sage ich das klar und deutlich.		
9. Manchmal bin ich zu Tode betrübt, aber dann wieder himmelhoch jauchzend.		
10. Als Kind bin ich oft bestraft worden, obwohl ich nichts Schlimmes getan hatte.		
11. Meine Eltern haben sich häufig für mich geschämt.		
12. Meine Eltern haben von mir erwartet, dass ich sie bei guter Laune halte.		
13. Ich fühle, dass die meisten Menschen nicht viel von mir halten.		
14. Die Menschen haben nur dann Respekt vor mir, wenn ich besonders stark auftrete.		
15. Ich bin anderen Menschen gegenüber nie ganz sicher, wie ich mich verhalten soll.		
16. Ich schenke anderen Menschen mein Vertrauen erst spät oder auch nie.		

Die eigenen Gefühle zeigen ist nicht gleichbedeutend mit launisch sein. Launisch sind nur die Menschen, die anderen keine Möglichkeit geben zu verstehen, wie sie sich fühlen. Und mit gefühlskontrollierten Menschen ist schwer umzugehen, denn wer kann wissen, warum sie an der Oberfläche immer so ausgeglichen sind und wie es tief in ihnen wirklich aussieht?

Das bedeutet Ihr Ergebnis

Mit Meditation können Sie Ihre emotionale Intelligenz schärfen. Das bedeutet, Gefühle, Impulse, Anmutungen und vage Ideen nicht nur wahrzunehmen, sondern auch zu kontrollieren. Es geht dabei vor allem um eine Ausweitung des Geistes, ein Ablassen von Verhaltensweisen, auf die wir fixiert sind.

Bitte geben Sie sich für jedes Ja, bei den Nummern 1 bis 8 und für jedes Nein bei den Nummern 9 bis 16 einen Punkt.

Mehr als 12 Punkte: Sie sind offen in Ihren Gefühlen, so offen, dass andere Menschen Sie manchmal für »launisch« halten. Aber Sie sind nicht launisch, das reden Ihnen nur Menschen ein, die ihre eigenen Gefühle kontrollieren, verbergen oder sonstwie in den Griff bekommen wollen.
8 bis 12 Punkte: Sie geben sich große Mühe, Ihr Gefühlsleben unter Kontrolle zu halten. »Launen« mögen Sie nicht – weder bei anderen Menschen noch bei sich selbst. Aber damit überfordern Sie sich. Jeder Mensch hat ein Recht auf schlechte Laune. Er muss es nur mitteilen, damit die anderen wissen, woran sie sind.
Weniger als 8 Punkte: Sie gehören nicht zu den Menschen, die ihre Gefühle offen zeigen, und haben sich Ihre »Maske« sehr gut antrainiert. Ihre Mitmenschen können Ihre Stimmung daher nicht immer einschätzen. Das Leben könnte sich jedoch in vielen Fällen einfacher gestalten, wenn Sie die ein oder andere Gefühlsregung zeigen würden.

Um an die eigenen außersinnlichen Fähigkeiten heranzukommen, ist körperliche und geistige Entspannung von großer Bedeutung.

Test 2: Können Sie Ihre Gedanken kontrollieren?

Ist Ihr Kopf Ihr Herr oder Ihr Diener? Wer seine Gedanken kontrollieren möchte, muss sich diese Frage stellen. Üben lässt sich das bei der Meditation. Doch für viele Menschen sind solche Übungen noch ungewöhnlich, sie müssen den bewussten Umgang mit ihrem Geist erst lernen. Wie viel Sie trainieren müssen, zeigt Ihnen dieser Test. Nehmen Sie sich vor, an einem einzigen Tag die drei Stufen A, B und C zu durchlaufen. Dann ist der Test am aussagekräftigsten.

Wenn Sie Anfänger in der Meditation sind, wird sich der Erfolg nicht sofort einstellen. Doch bei täglicher Übung werden Sie schnell Fortschritte erzielen, denn Abschalten-können muss trainiert werden.

Test A

Nehmen Sie ein normales Gummiband, das locker um Ihr Handgelenk passt. Treffen Sie eine Vereinbarung mit sich selber:
»Ich werde immer, wenn mir ein Gedanke im Kopf kreist, ohne dass er zu einem greifbaren Ergebnis führt, kurz an dem Band schnippen.«

Test B

Treffen Sie eine weitere Vereinbarung mit sich, sie lautet:
»Wenn feindselige Gedanken in mir hochkommen – z. B. während ich am Bankschalter warte, bedient zu werden –, beginne ich ein Selbstgespräch: ›Also gut, da sind wieder diese negativen Gedanken. Jetzt ärgert dich die kleine alte Dame, die vor dir dran ist. Na und? Du weißt genau, dass sie heute früh nicht aus dem Bett gesprungen ist und gejubelt hat: Hurra, heute kommt der blöde ... zur Bank. Ich folge ihm, schleiche an ihm vorbei und führe dann eine halbe Stunde lang ein Gespräch mit der Kassiererin.‹«

Test C

Treffen Sie außerdem eine dritte Vereinbarung mit sich selber:
»Jedes Mal, wenn mich ein Mensch ärgert, werde ich so lange über die Situation nachdenken, bis ich:

- Entweder einen vernünftigen Grund für sein Verhalten entdecke
- Oder bis ich die Situation mit Humor betrachten kann.«

Test 3: Wie viel Stress können Sie ertragen?

Stress hat viele unangenehme Eigenschaften – und die schlimmste ist: Wir bemerken ihn nicht. Dabei gibt es Anzeichen genug: Bitte kreuzen Sie auf unserer Tabelle an, was am ehesten auf Sie zutrifft.

Manche Menschen bleiben heiter, auch wenn ihnen das Leben die ernsten Seiten zeigt. Sie lassen sich nicht unterkriegen und gehen leicht und optimistisch durch das Leben. Eine optimale Voraussetzung für PSI, denn je weniger Druck wir spüren, desto freier sind wir auch für übersinnliche Wahrnehmungen, die uns erreichen.

Vorbereitungstest 3

Wie viel Stress können Sie ertragen?	Nie	Selten	Oft	Immer
Ich bin leicht erregbar.				
Wenn ich in einer Schlange warten muss, werde ich nervös.				
Wenn mir mal der Kragen platzt, werde ich beleidigend.				
Es ärgert mich, wenn Menschen mich kritisieren.				
Zu Terminen komme ich auf den letzten Drücker oder zu spät.				
Im Auto brauche ich die Lichthupe, um Zorn abzulassen.				
Ich bin ohne Grund unruhig.				
Mir wird schwindlig.				
Ich bin müde, komme innerlich aber nicht zur Ruhe.				
Ich sorge mich, ob mit meinem Herzen etwas nicht in Ordnung ist.				
Ich habe Rücken- oder Nackenschmerzen.				
Ich suche stets Lob und Anerkennung von anderen.				

So berechnen Sie Ihr Ergebnis

Bitte geben Sie sich für jedes angekreuzte

Nie:	1 Punkt
Selten:	2 Punkte
Oft:	3 Punkte
Immer:	4 Punkte
Ihr Gesamtergebnis:	______

Das bedeutet Ihr Ergebnis

Weniger als 20 Punkte: Sie leben ohne schädlichen Stress, ruhig und ausgeglichen. Sie gehen an die Probleme des Lebens lässig heran, kennen keinen falschen Ehrgeiz oder Verbissenheit. Typisch für Sie ist außerdem Ihre Aufgeschlossenheit, manchmal sogar Neugier unbekannten Dingen gegenüber. Sie sind empfänglich für PSI und sollten das mit Hilfe der Tests in diesem Buch unbedingt ausprobieren.

Sport sorgt langfristig für mehr Ausgeglichenheit, wirkt hervorragend gegen Depressionen und erhöht die Lebensfreude.

21 bis 30 Punkte: Ihr Leben ist aktiv und angespannt. Sie haben Stress – positiven im Sinne einer echten Herausforderung, aber auch negativen. Wenn Sie auf diesem Niveau weitermachen wollen oder müssen, sollten Sie auf Ruhe und freie Zeit achten. Sport, aber auch Entspannung durch Meditation würden Ihnen gut tun. Je entspannter Sie sind, desto mehr Wahrnehmung entwickeln Sie für Vorkommnisse außerhalb Ihres Alltagslebens.

31 bis 36 Punkte: Das Leben bedeutet für Sie vor allem »Kampf ums Dasein«. Ehrgeiz, Konkurrenz, zugleich aber auch Abhängigkeit vom Urteil anderer Menschen – das sind die bestimmenden Größen. Doch sie verursachen Stress, und Sie spüren vielleicht schon, dass Ihre Gesundheit nicht mehr ganz so gut ist wie früher. Sie sollten alle Belastungen, die Sie selbst abstellen können, abschaffen. Dazu gehören Streit, Ärger, zu hohe Erwartungen an sich selbst und Terminhetze.

Mehr als 36 Punkte: Man muss Sie für Ihre kritische Selbsteinschätzung bewundern. Aber Ihr Punktewert sagt: Sie leben wie jemand, der bei seinem Auto zugleich auf Gas und Bremse tritt. So sollten Sie nicht weitermachen. Sie haben Verantwortung und Ehrgeiz, aber was nützt Ihnen das, wenn Sie sich selbst gefährden?

Test 4: Vertrauen Sie sich selbst?

Schreiben Sie doch einmal in Ruhe die Namen aller Menschen auf, denen Sie sich in Ihrem Leben schon einmal anvertraut haben – je mehr Personen Sie finden, desto besser.

Das bedeutet Ihr Ergebnis

Vertrauen ist ebenfalls eine Voraussetzung für die Wahrnehmung von PSI. Über außergewöhnliche und übersinnliche Vorkommnisse muss gesprochen werden, ein Austausch über die Erlebnisse sollte unbedingt stattfinden. Sie müssen lernen, anderen Menschen zu vertrauen und sie um Hilfe zu bitten.

Es sollte in Ihrem Leben mehr als einen Menschen geben, dem Sie vertrauen. Wenn es diese Personen zurzeit nicht gibt, dann überlegen Sie doch einmal, woran das liegen könnte. Versuchen Sie eine Problemlösung zu finden. Sich einem Menschen zu offenbaren ist z. B. ein Akt des Vertrauens. Bekennen Sie vor Ihrem Partner oder einem engen Freund, dass Sie ein Problem mit einer vertrauensarmen, feindseligen Grundeinstellung zu Ihren Mitmenschen haben. Sagen Sie ihnen auch, dass Sie bei Ihren Bemühungen, diese Einstellung zu ändern, Hilfe brauchen. Falls der angesprochene Mensch Sie tatsächlich unterstützen kann, bekommen Sie sofort auch eine Belohnung für das Vertrauen, das Sie gegeben haben.

Test 5: Können Sie sich in andere Menschen einfühlen?

Auch dies ist ein meditativer Test, bei dem es in erster Linie darauf ankommt, eine wichtige Erfahrung mit sich selbst zu machen.
Bitte machen Sie sich einmal die Mühe, sieben gute Gründe dafür aufzuschreiben, warum ein anderer Autofahrer bei Ihnen zu dicht auffährt – Gründe, die Sie vielleicht in vergleichbarer Situation ebenfalls für sich in Anspruch nehmen würden, z. B.: »Vielleicht bringt er gerade sein Kind ins Krankenhaus.«

Das bedeutet Ihr Ergebnis

Es gibt ein Indianersprichwort: »Gehe eine Weile in meinen Mokassins.« Genau so etwas sollten Sie immer dann tun, wenn negative Gefühle hochkommen. Versetzen Sie sich in die Lage der anderen Menschen, und dann sehen

Testen Sie selbst: Wie gut können Sie Ihren Gesprächspartnern zuhören? Versuchen Sie sich zu erinnern.

Sie, wie sinnlos die meisten negativen Gedanken über andere Personen sind und wie viele begründete Motive diese Menschen für ihr Verhalten haben. Wer die Handlungen von anderen verstehen will oder sie zumindest nachvollziehen kann, profitiert bereits von der Auseinandersetzung mit den verschiedenen Persönlichkeiten. Denn mit dem Einfühlen wird die eigene Sensibilität geschärft, eine Eigenschaft, die auch der Wahrnehmung übersinnlicher Phänomene zugute kommt.

Die Fähigkeit des Zuhörens gehört zu den wichtigen Voraussetzungen für PSI. Wenn Sie sich nämlich in erster Linie nur auf sich selbst konzentrieren, verpassen Sie die Mitteilungen Ihrer Umgebung und verlieren die Sensitivität für übersinnliche Wahrnehmungen.

Test 6: Wie gut können Sie zuhören?

Bitte erinnern Sie sich an den letzten Streit, den Sie geführt haben. Schreiben Sie jeweils mit einem Stichwort die sieben wichtigsten Argumente, die jede Streitpartei vorbrachte, auf.

Das bedeutet Ihr Ergebnis

Je weniger Ihnen die Argumente Ihres Streitpartners eingefallen sind, desto mehr müssen Sie noch an sich arbeiten. Denn wer an seiner Umwelt aktiv teilnehmen und feinfühlig auf Wahrnehmungen reagieren möchte, sollte zuhören können. Wenn Sie Ihren Gesprächspartner laufend unterbrechen, vermitteln Sie die Botschaft: »Meine Ideen sind wichtiger als deine.« Wer sich öfter so verhält, wird erleben, dass andere Menschen sich von ihm zurückziehen. Um das zu vermeiden, müssen Sie zuhören lernen.

Test 7: Haben Sie Phantasie?

PSI und Phantasie gehören zusammen. Und Phantasie bedeutet, die geistigen Trampelpfade zu verlassen und im Gespräch oder bei Problemen gute Einfälle und originelle Lösungen zu bringen. Können Sie das? Dieser Test gibt Ihnen dazu eine erste Antwort. Zählen Sie am Schluss die von Ihnen erzielten Punkte zusammen.

Die Gabe der Phantasie zu besitzen heißt, das Ungewöhnliche denken zu können. Und wem das Ungewöhnliche nicht fremd ist, der findet schneller neue Wege.

Übung A

Welche Wörter reimen sich auf die vorgegebenen zehn Begriffe? Bemühen Sie sich dabei, andere Kombinationen als die hier nebeneinanderstehenden zu finden, schreiben Sie also nicht bei »Herz« »Schmerz« und umgekehrt. Setzen Sie sich dabei unter Zeitdruck. Je schneller und spontaner Ihre Antwort, desto aussagekräftiger Ihr Ergebnis.

1. Herz	6. Schmerz
2. Leute	7. Heute
3. Macht	8. Nacht
4. Im Dunkeln	9. Munkeln
5. Liebe	10. Hiebe

Übung B

Setzen Sie die Zahlenreihe 1 × 2 × 3 × ... fort. Welche Zahl kann logisch als Nächste folgen, die 4, die 5 oder beide?

Übung C

Die folgenden Wörter sind unvollständig: Die Selbstlaute fehlen. Wie viele von ihnen können Sie in fünf Minuten zu einem sinnvollen Wort ergänzen? Ein Beispiel: »MNSCH« wird durch »E« zu »MENSCH« ergänzt.

Übung C / Vervollständigen Sie die Buchstaben zu einem Wort

1.	BN	14.	GLD	27.	NPP
2.	BLCH	15.	H	28.	PLL
3.	BR	16.	HBL	29.	PLZ
4.	BTT	17.	HBN	30.	PNDL
5.	DCK	18.	HLL	31.	RGN
6.	DLL	19.	HRD	32.	S
7.	DR	20.	HRR	33.	SCHN
8.	F	21.	KKS	34.	SCHS
9.	FGN	22.	KLLR	35.	SGN
10.	FLL	23.	KNNN	36.	SPR
11.	FST	24.	LBN	37.	WG
12.	GGN	25.	MHR	38.	WGN
13.	GL	26.	NGR	39.	ZLL

Auch Wörter mit verschiedener Silbenzahl können sich reimen. Ein Beispiel dafür ist das Wortpaar »munkeln – verdunkeln«. Suchen Sie ruhig Reime, die außerhalb des Herkömmlichen liegen!

So berechnen Sie Ihr Ergebnis

Übung A

- Sie erhalten 1 Punkt für jeden Reim, den Sie gefunden haben.
- Aber: Bei den Wörtern 1–5 erhalten Sie jeweils 3 Punkte für jeden Reim, in dem nicht die Wörter von 6–10 vorkommen.
- Bei den Wörtern 6–10 erhalten Sie jeweils 5 Punkte, wenn in deren Reim nicht die unter 1–5 angegebenen Wörter auftauchen.
- 5 Extrapunkte gibt es für jeden Reim, der nicht genau dieselbe Silbenzahl hat wie das Wort, zu dem Sie den Reim gesucht haben.

Übung B

- Sie erhalten 1 Punkt, wenn Sie »4« geschrieben haben.
- Aber Sie bekommen 10 Punkte, wenn Sie sich stattdessen für die 5 entschieden haben – es wäre dann die Reihe der Primzahlen.
- Es gibt ebenfalls 10 Punkte, wenn Sie »beide« gesagt haben.

Übung C

- Alle Buchstabenkombinationen werden zu sinnvollen Wörtern, wenn Sie ein E (oder mehrere) ergänzt haben. Sie bekommen 1 Punkt für jedes Wort, das Sie herausbekommen haben.
- Aber: Es gibt zusätzlich 3 Punkte für jedes Mal, wenn Sie einen anderen Selbstlaut als E (also: A, I, O, U oder die Umlaute Ä, Ö, Ü) eingesetzt und damit ein sinnvolles Wort gefunden haben.

Abwechslung ist wichtig – gerade bei der Betrachtung von Problemen. Oft liegt die originellste und eigenständigste Lösung abseits der Norm.

Das bedeutet Ihr Ergebnis

Weniger als 60 Punkte: Sie sind geistig rege – aber dennoch bringen andere Menschen bei diesem Test mehr Phantasie auf als Sie. Diese Menschen finden zu einfachen Fragen ungewöhnlichere Antworten. Und manchmal ist das Ungewöhnliche einfach besser, weil es neue Wege aufzeigt.

60 bis 100 Punkte: Sie sind geistig flexibel und haben Phantasie. Ihnen fällt es leichter als anderen, im Gespräch auf originelle Ideen und bei Problemen zu eigenständigen Lösungen zu kommen.

Mehr als 100 Punkte: Herzlichen Glückwunsch! Sie sind ein kreativer Mensch. Wo andere sich nur auf die Erfahrung verlassen und geistig mit dem Strom schwimmen, fällt Ihnen das wirklich Neue und Originelle ein, das den meisten verschlossen bleibt.

Kreativität, Phantasie und PSI sind eng miteinander verknüpft. Finden Sie mit Test Nr. 7 heraus, wie rege Sie sind.

Test 8: Verfügen Sie über außersinnliche Fähigkeiten?

Manche Menschen glauben, ihnen würden Bilder oder Gedanken direkt – also ohne technische Hilfsmittel – übertragen. Bei Bildern heißt das Hellsehen, bei Gedanken spricht man von Telepathie. Unser einfaches Testspiel – in Wirklichkeit ist es ein bewährtes wissenschaftliches Experiment – zeigt Ihnen, ob da etwas dran ist. Testen Sie sich selbst – oder Ihre Freunde, was viel mehr Spaß macht.

Seit mehr als 50 Jahren werden Karten in der Wissenschaft verwandt, um Annahmen über Hellsehen und Gedankenübertragung zu prüfen. Sie enthalten Symbole – z. B.:

- ✖ Kreuz
- ▲ Dreieck
- ● Kreis
- ◆ Raute
- ■ Quadrat

Mit diesem vorbereitenden Test wird Ihre Hellseherfähigkeit geprüft, allerdings in abgeschwächter Form. Der Test dient der Vorbereitung, strengere Regeln gibt es bei den folgenden PSI-Tests. Machen Sie sich mit dieser Übung erst einmal warm!

Um den Test durchzuführen, schneiden Sie bitte die 20 Karten (vier Sätze à fünf Symbole) im hinteren Teil des Buches aus. Eine andere Person – Ihr Testpartner – mischt die 20 Karten gut durch und legt sie, alle mit dem Bild nach unten, in eine Reihe.

Das Testen der PSI-Empfänglichkeit ist ähnlich wie Lottospielen. Wer einmal die sechs Richtigen trifft, hat ja Glück gehabt und nicht etwa eine besondere Fähigkeit unter Beweis gestellt. Also: Immer wieder probieren, bis Sie sicher sind, dass die Ergebnisse nicht mehr vom Zufall abhängig sind!

Können Sie hellsehen?

Dies ist der Test: Ihr Testpartner schaut sich nacheinander die 20 Karten an, immer so, dass Sie das Symbol nicht erkennen können. Nach jeder Karte fragt er Sie: »Welches Symbol zeigt meine nächste Karte?« Es ergibt jedes Mal fünf Antwortmöglichkeiten – Kreuz, Dreieck, Kreis, Raute oder Quadrat. Eine ist richtig. Welche? Ihr Testpartner notiert, ob Sie das richtige Symbol genannt haben, sagt aber vorerst noch nichts.

So geht es weiter, die Reihe durch, bis Sie 20-mal Ihre hellseherischen Fähigkeiten eingesetzt haben.

So bewerten Sie Ihr Ergebnis

Wenn Sie bei jeder der 20 Karten z. B. »Kreuz« sagen, haben Sie unter Garantie vier Treffer, denn vier Karten mit dem Kreuzsymbol sind ja im Spiel. Vier Treffer kann man also allein durch Raten erreichen. Wer hellseherische Fähigkeiten hat, müsste entsprechend deutlich mehr als vier Treffer erzielen. Gelingt das in einem Durchgang, ist dies allerdings noch lange kein Beweis für außersinnliche Fähigkeiten. Wer einmal im Lotto die sechs Richtigen trifft, hat ja auch Glück gehabt und nicht etwa eine besondere Fähigkeit unter Beweis gestellt. Wiederholen Sie diesen Test also mehrmals, um Ihre Fähigkeit der außersinnlichen Wahrnehmung gründlich zu prüfen.

Test 9: Sind Sie empfänglich für Gedankenübertragung?

Wieder mischt der Testpartner die 20 Karten. Er deckt eine Karte auf; die Testperson darf die Karte nicht sehen, er selbst schaut sie sich konzentriert an. Dann versucht er, der Testperson gedanklich zu übermitteln, welches Kartensymbol er sieht. Die Testperson muss sagen, welche »Botschaft« sie empfangen hat, der Partner schreibt die Antworten auf, lässt sich aber in seiner Konzentration nicht stören. Erst zum Schluss, nachdem alle Karten telepathisch übermittelt worden sind, erfährt die Testperson, wie viele Treffer sie erzielt hat.

Auch die telepathischen Fähigkeiten des Testpartners sind gefordert, wenn er der Testperson gedanklich den Inhalt der Karten zu übermitteln sucht.

So bewerten Sie Ihr Ergebnis

Bei der Auswertung ist das Gleiche zu beachten wie im vorigen Test. Vier Treffer können allein durch Raten erzielt werden. Wer telepathische Fähigkeiten hat, müsste also entsprechend deutlich mehr als vier Treffer erzielen. Und auch bei diesem Test sagt das Ergebnis von einem Durchgang noch nicht viel aus. Wiederholen Sie also diesen Test ebenfalls mehrmals, um Ihre telepathische Wahrnehmung unter Beweis zu stellen.

Test 10: Sind Sie ein sensitiver Mensch?

Manche Menschen halten jeden Gedanken an übersinnliche Fähigkeiten für Träumerei und Einbildung. Andere Menschen glauben, da könnte etwas dran sein. Zu welchen gehören Sie? Beantworten Sie die folgenden Fragen mit Ja oder Nein.

Vorbereitungstest 10

Sind Sie ein sensitiver Mensch?	Ja	Nein
Ich habe öfter Lampenfieber.		
Ich schlafe weniger gut, als ich möchte.		
Ich habe oft Tagträume.		
Ich denke viel über mögliches Unglück nach.		
Vergangene Misserfolge und andere negative Erfahrungen beschäftigen mich noch lange.		
Klatsch versuche ich nicht an mich heranzulassen. Aber manchmal trifft er mich doch.		

Das bedeutet Ihr Ergebnis

Haben Sie mehr als drei Fragen mit Ja beantwortet?
Dann gehören Sie zu den feinfühligen Menschen. Das heißt: Wo andere einfach nur so durchs Leben gehen und von ihrer Umwelt und den Menschen eigentlich nichts Wesentliches mitbekommen, haben Sie ein ausgeprägtes Gefühl für Situationen und Stimmungen. Und weil Ihre Seele so reichhaltig reagiert, stellt sich bei Ihnen manchmal das Gefühl ein, Sie würden Zusammenhänge erkennen, die anderen Menschen verborgen bleiben. Sie können vorausahnen, was die Zukunft bringen wird. Oder Sie haben Erinnerungen aus der Vergangenheit gespeichert. Erleben Sie ein Ereignis sehr intensiv, ist es möglich, dass Ihnen diese Hinweise aus Ihrem Gedächtnis wieder einfallen. Sie sind empfindlich für die Wirkung außerirdischer Kräfte.

Wenn Sie eine starke PSI-Empfänglichkeit besitzen, ist Ihre Psyche besonders wachsam und reagiert deutlicher auf Außersinnliches. Probieren Sie es aus, indem Sie mit »normaleren« Freunden die PSI-Tests zusammen machen.

Entspannung: Wichtig für die PSI-Tests

Was tun Sie für Ihre Entspannung? Ein warmes Bad nehmen, Sport treiben, an angenehme Situationen denken, Yoga praktizieren, »ruhige Plätze« aufsuchen, Urlaub machen – das sind nur einige der vielen Entspannungsmöglichkeiten. Doch wie Ihre persönliche Entspannungsmethode auch aussehen mag, sie alle unterliegen einem Prinzip: Körper und Geist sollen beruhigt werden.

Ohne regelmäßige Entspannung würden Körper und Geist Schaden nehmen, und der Mensch würde krank werden.

Entspannung ist wichtig für jeden Menschen. Nicht nur für die körperliche und mentale Gesundheit, sondern auch für die geistige Kreativität ist sie unabdingbar. Wir brauchen also ebenfalls eine gewisse Portion Entspannung für übersinnliche Wahrnehmungen. Aus diesem Grund stellen wir Ihnen hier drei Entspannungstechniken vor, die Sie auch im Alltag problemlos und unauffällig anwenden können.

Entspannung durch Meditation

Meditation ist vermutlich die effektivste Methode, den eigenen Geist von allen alltäglichen und negativen Gedanken zu entleeren. Und das ist notwendig, will man gesund bleiben und entspannt leben. Darüber hinaus sollte der Geist auch hinsichtlich der Wahrnehmung von PSI unbelastet sein, denn die Fähigkeit übersinnlicher Wahrnehmungen steigt mit einer offenen Geisteshaltung, Kreativität und Offenheit.

Wir haben eine kleine Meditationsübung entwickelt, mit der Sie sich überall und zu jeder Zeit entspannen können.

- Setzen Sie sich gerade und ruhig in einen bequemen Sessel, lassen Sie Ihr Kinn bequem auf Ihrer Brust ruhen, und legen Sie die Arme in Ihren Schoß. Schließen Sie die Augen. Richten Sie Ihre Aufmerksamkeit auf Ihr Atmen. Nehmen Sie zur Kenntnis, wie Sie einatmen und ausatmen, spüren Sie, wie der Fluss der Luft die Membranen in Ihrer Nase und Ihrem Mund berührt, und vergegenwärtigen Sie sich das Gefühl, wie sich Ihre Lungen allmählich füllen und dann wieder leeren.

- Nachdem Sie dies einige Atemzüge lang getan haben, fangen Sie an, ein einfaches Wort zu sagen – am besten eines, das dem Ziel, das Sie erreichen wollen, entspricht, z. B.: »Frieden«, »Gesundheit«, »Liebe«, »Vertrauen« oder »Ruhe«. Probieren Sie verschiedene Wörter durch, eines von ihnen wird für Sie am besten »funktionieren«.
- In den ersten Stadien der Übung werden Ihre Alltagsgedanken sofort wieder in Ihren Kopf eindringen. Machen Sie dennoch unbeirrt weiter, konzentrieren Sie sich auf Ihren Atem, und sagen Sie bei jedem Ausatmen »Ihr« Wort. Mit der Zeit werden eindringende Gedanken automatisch weniger problematisch werden.
- Wenn Sie diese Übung 10 bis 15 Minuten lang zweimal am Tag machen, sind Sie nach ein bis zwei Wochen in der Lage, eine Kurzform anzuwenden. Wann immer Sie spüren, dass feindselige Gedanken in Ihnen hochkommen, fangen Sie an Ort und Stelle an zu meditieren: Sie brauchen dazu keine Yogaposition einzunehmen, Ihre Augen zu schließen oder sonst etwas zu tun, was in der Öffentlichkeit vielleicht komisch wirken könnte. Verankern Sie Ihre Aufmerksamkeit einfach in irgendeinem Objekt in Ihrer Nähe, konzentrieren Sie sich auf Ihren Atem, und sagen Sie »Ihr« Wort ruhig und jedes Mal, wenn Sie ausatmen.

Manche unangenehme Situation, selbst der Stau auf der Autobahn, kann mit Meditationsübungen erträglich werden.

Sie brauchen keine Angst zu haben, dass durch Meditation Ihr Ärger, den Sie loswerden wollen, nur unterdrückt wird.

Nutzen Sie diese kleine Meditationsübung nicht nur für die außersinnliche Wahrnehmung. Lernen Sie auch dann zu meditieren, wenn Sie sich in einer Situation befinden, die für Sie problematisch ist. Das kann z. B. die Schlange an der Supermarktkasse, eine Fahrt in der Straßenbahn oder der Fahrstuhl sein. Diese Übung wird Ihren Geist von eingeprägten Denkmustern abbringen. Sie ist aber auch ein Mittel gegen den Ärger, den Sie möglicherweise spüren. Versuchen Sie mit Hilfe dieser kurzen Übung, sich auch während des Alltags zu entspannen, wenn die negativen Gedanken wieder auftauchen. Mit Hilfe der Meditation reinigen Sie sich davon und verarbeiten die Wut auslösende Situation viel besser, als wenn Sie Ihren Ärger einfach nur herauslassen.

Entspannung durch Relaxation

Neben dem autogenen Training hat sich auch die progressive Muskelrelaxation des amerikanischen Psychologen E. Jacobson bewährt, bei der nacheinander (deshalb »progressiv«) verschiedene Muskelgruppen entspannt (»relaxiert«) werden. Dies geschieht durch ein bewusstes Anspannen einer bestimmten Muskelgruppe und anschließendes Lockerlassen.
Ein Beispiel:
»Ziehe jetzt die Augenbrauen fest nach oben, so dass auf der Stirn Querfalten entstehen. Halte die Spannung, beobachte die Spannungsempfindung auf der Stirn und entspanne wieder. Lass die Stirn wieder glatt werden, gelöst, wie eine glatte leere Fläche. Du spürst, wie mit der Entspannung der Stirn allmählich die ganze Kopfhaut locker wird. Wiederhole nun die Anspannung. Ziehe die Augenbrauen fest hoch und lass wieder locker. Beobachte jetzt die Entspannung der Stirn...«

Viele Muskelpartien eignen sich gut für Relaxationsübungen: Waden, Oberschenkel, Rücken, Bauch, Gesicht, Oberarme, Unterarme oder Hände.

Sie können aufgrund dieses kurzen Instruktionsbeispiels den Effekt selbst nachprüfen und ihn dann auch auf alle andere Muskelpartien übertragen. Nehmen Sie sich immer unterschiedliche Stellen Ihres Körpers vor, konzentrieren Sie sich auf die ausgesuchte Stelle, und kontrahieren Sie die entsprechende Muskelpartie. Anschließend entspannen Sie die Muskeln wieder, Sie spüren dann jedes Mal eine Entspannung (Relaxation). Der jeweilige Wechsel von Anspannung und Entspannung erzeugt kurzfristig eine tiefe Entspannung. Deshalb ist die progressive Muskelrelaxation vor allem während des Alltags eine wirkungsvolle Entspannungsmethode.
»Du sitzt im Sessel, deine Füße stehen auf dem Boden, ruhig und sicher, die Beinmuskulatur ist entspannt, die Oberschenkel sind locker, der Rücken liegt an; dort, wo der Körper aufliegt, ist es warm, angenehm warm. Schultern und Arme sind entspannt, ruhig und entspannt. Der Kopf hat eine angenehme, ruhige Lage, die Hände liegen locker auf. Balle in dieser entspannten Haltung die rechte Hand zur Faust und spüre, wie deine Handmuskeln sich zusammenziehen. Lockere sie dann wieder und lege sie entspannt wieder auf die Lehne. Nimm anschließend deine linke Hand und mach mit ihr dasselbe...«
Diese Übung kann beliebig lange mit unterschiedlichen Muskelpartien fortgeführt werden.

Mit der progressiven Muskelrelaxation nach Jacobson lässt sich ein hohes Maß an tiefer Entspannung erreichen.

Entspannung durch Visualisierung

Mit der Visualisierung wird eine Entspannungstechnik eingesetzt, die direkt beim Empfinden und bei der Phantasie der Menschen ansetzt. Nach einer meditativen Konzentration wird ein Tonband vorgespielt, auf dem z. B. das sanfte Rauschen einer Meeresbrandung zu hören ist. Die Personen werden nun gebeten, sich vorzustellen, sie lägen an einem Strand, und die menschliche Vorstellungskraft schafft es tatsächlich, dadurch den Entspannungseffekt zu intensivieren.

Ihre Vorstellungskraft kann Sie problemlos an wunderschöne Plätze versetzen, ohne dass Sie Ihr Zimmer dazu verlassen müssen.

Entspannung wird auch durch Wärmeempfindungen hervorgerufen. Dazu wird Rotlicht eingesetzt. Bei geschlossenen Augen stellt sich die Wahrnehmung eines gelben Lichts ein, so als schiene die Sonne. In den Instruktionen wird versucht, angenehme Phantasien zu erzeugen.

»... Du spürst die Wärme der Sonnenstrahlen auf deiner Haut. Du bist ganz ruhig und entspannt und genießt die angenehme Wärme. Du verweilst in diesem angenehmen Zustand. Es ist ein schöner sonniger Nachmittag im Frühsommer; du hast Urlaub und liegst dösig in der Sonne, ruhig und entspannt...«

Die Entspannung stellt sich bei dieser Übung relativ schnell ein.

Fitmacher für die PSI-Wahrnehmung

PSI ist eine Wahrnehmung, die nicht jeden Tag per Knopfdruck herbeigerufen werden kann. Niemand ist jeden Tag gleichermaßen empfänglich. Machen Sie sich also nichts daraus, wenn Sie manchmal kein Gefühl für PSI haben. Checken Sie dann einfach Ihre Tagesverfassung. Außerdem geben wir Ihnen im Folgenden Anregungen, wie Sie Ihre Stimmung verbessern und den Tag positiv angehen können. Mit diesen Tipps machen Sie sich fit für die Wahrnehmung von PSI.

Lachen

Suchen Sie Kontakt zu Menschen, die leicht und ungezwungen lachen können. Lachen ist ansteckend, und der Mensch lacht nicht gern alleine.

- Machen Sie es sich zum Lebensmotto, mehr zu lachen. Denn Lachen lockert die Muskulatur, hilft so gegen Verspannungen. Lachen gilt als Antidepressivum und Schmerzkiller.
- Ein lustiges Buch zu lesen oder einen witzigen Film zu sehen ist besser, als Pillen zu nehmen. Der amerikanische Journalist Norman Cousins gilt hier vielen als Beispiel. Er hat sich mit einer »Überdosis« von lustigen Filmen von einer tödlichen Krankheit geheilt.
- Lachen Sie mit Menschen, aber nicht über sie. Es gibt verschiedene Arten von Humor.

Ironie, Sarkasmus und Zynismus: Diese intellektuellen Kampftechniken erzeugen bei anderen Menschen Aggressionen. Sie vergiften das zwischenmenschliche Verhältnis.

Witze, Gags, Pointen: Sie wirken wie Kitzeln, sind ein guter Anfang, um das Lachen wieder zu lernen.

Das Lachen mit anderen Menschen: Nichts geht über eine fröhliche Runde, die schon gar nicht mehr weiß, worüber sie lacht. Deshalb: Laden Sie andere Menschen zu einem lustigen Abend ein.

Sinne erleben

- Ganz wichtig für innere Freiheit und positives Wohlbefinden ist es, die Situationen ausschließlich für sich zu erfassen und seine Person einzubringen. Der Komponist John Cage hat einmal sinngemäß gesagt: »Wir sind ständig von Geräuschen umgeben. Wenn wir uns auf sie nicht konzentrieren, werden sie zur Belästigung. Wenn wir uns auf sie konzentrieren, werden sie Musik.« Dies gilt für alles in unserer Umgebung: Farben, Formen, Worte, Bilder, Natur, Menschen und Mitmenschen. Wir sind von so vielem umgeben, was unsere Aufmerksamkeit fordert, dass es uns eine Last wird. Deshalb müssen wir oft einfach die »seelischen Ohrenschützer« aufsetzen und genau auswählen, was wir überhaupt an uns heranlassen. Wenn wir uns dann auf ausgewählte Menschen und Situationen konzentrieren, sehen und erleben wir viel, was uns froh macht.
- Mehr natürliches, weniger künstliches Licht. Licht wirkt auf unser Hormonsystem. Viele Menschen werden an den kurzen Tagen des Jahres depressiv. Sie verfallen in eine Art seelischen Winterschlaf. Licht macht das Leben »heller«. Aber künstliches Licht baut uns nicht auf.
- Dunkelheit genießen. Wir erleben keine Dunkelheit mehr. Wenn es dunkel ist, schlafen wir. Ansonsten halten wir uns in den Abend- und Nachtstunden meist in künstlich beleuchteten »Umwelten« auf. Dieses Licht hält uns künstlich wach und macht uns nervös.
- Farben finden, die gut für uns sind. Farben sind Teile des Lichtspektrums. Manche Farben machen unruhig, andere beruhigen.
- Klänge und Geräusche finden, die uns gut tun. Musik wird seit ewigen Zeiten zur Therapie eingesetzt. Musik kann Schmerz mindern, negative Gedanken stoppen, den Herzschlag kontrollieren.

Natürliche Formen tun uns gut. Sie sind nicht 100-prozentig perfekt, und sie bieten dem Auge deshalb Struktur. Beispiel: Bienenwaben im Gegensatz zu Hochhausstrukturen.

Kreativ sein

- Malen, musizieren, dichten, schauspielern etc. – Kunst ist eine wichtige menschliche Ausdrucksform. Aber wir werden leider viel zu selten dazu ermutigt, den Künstler in uns auszuleben. Versuchen Sie, Ihre Kreativität wieder in Ihr Leben einzubauen. Denn Kreativität gibt Seelenfrieden und stärkt damit die Leistungen unseres Immunsystems.

- Singen. Rein physiologisch gesehen, handelt es sich beim Singen um eine Atemtechnik, die – ähnlich wie das Beten – beruhigt.

Körperliches Wohlbefinden

Achten Sie darauf, wann Sie aus Schutz- und Verwöhnbedürfnissen anfangen zu konsumieren. Oft ist es nämlich nicht nur körperlicher, sondern auch geistig-seelischer Durst, aus dem wir essen und trinken.

- Versuchen Sie gut einzuschlafen. Schalten Sie Ihren Kopf aus, so dass auch unerledigte Dinge Sie nicht am Einschlafen hindern.
- Stretching sollte zum Morgenprogramm gehören. Strecken Sie sich jeden Morgen wie eine Katze, dehnen Sie Ihren Körper.
- Treiben Sie Sport. Es ist erwiesen, dass uns Sport mehr Energie gibt, Schlaf und Gedächtnisleistungen verbessert, uns kreativer macht, die Konzentrationsfähigkeit erhöht, Stress abbaut, Streitlust vermindert und das Selbstvertrauen verbessert.
- Ernähren Sie sich vollwertig. Sie fördern damit Ihre Gesundheit und lösen zugleich alle Diätprobleme.
- Ergänzen Sie Ihre Ernährung mit Vitaminen und Mineralstoffen. Wir wissen heute nicht mehr, ob unsere Lebensmittel aufgrund der Lebensmitteltechnik noch das an Gehalt bieten, was wir von ihnen erwarten.
- Meiden Sie Drogen, versuchen Sie das Rauchen aufzugeben, und trinken Sie Alkohol nur in Maßen. Genießen Sie das Glas Wein, und greifen Sie nie aus Frust zur Flasche.
- Trinken Sie viel Mineralwasser (mindestens zwei Liter am Tag), und schränken Sie Ihren Kaffeekonsum ein. Kaffee ist kein guter »Wachmacher«, denn er erhöht den Blutdruck durch Kontraktion der Blutgefäße. Das verhindert, dass das Gehirn gut durchblutet wird.
- Halten Sie Mahlzeiten bewusst ein, und genießen Sie es. Lenken Sie sich dabei nicht mit Lesen oder Fernsehen ab, konzentrieren Sie sich nur auf das Essen. Der Körper braucht diese Phasen der Ernährung für die innere Ruhe und seine Leistung.
- Halten Sie Pausen ein, in denen Sie das Gehirn abschalten. Gehen Sie ein wenig spazieren, atmen Sie tief durch, oder halten Sie einen kleinen Schwatz.

Kontakt suchen

- Pflegen Sie Familienbindungen und Freundschaften. Hier sollte Geben und Nehmen ausgeglichen sein; gemeinsame Interessen und Spaß, aber auch Vertrauen und Verlass sind wichtige Kriterien.
- Helfen Sie anderen, ohne dass Sie das »Helfersyndrom« bekommen. Ein gesundes Mittelmaß ist förderlich für das eigene Wohlbefinden.
- Vermeiden Sie überflüssigen Streit. Leben Sie nach der Devise: »Mit mir bekommt man nur Streit, wenn ich es will.«
- Lernen Sie zu verzeihen. Verzeihen heißt, seinen Geist und sein Herz von dem Negativen abzuwenden, das einem angetan worden ist oder das man sich selbst oder anderen angetan hat.

Leben Sie nach gemeinschaftsfördernden Werten wie Anstand und Ehrlichkeit. Das ist gesünder, als krampfhaft nach individueller Selbstverwirklichung zu suchen.

Isolation vermeiden

Isolation ist der Feind der Kommunikation, und Kommunikation ist wichtig für jeden Menschen. Intensive Gespräche, Geheimnisse besprechen, schimpfen, sich ausweinen und viele Kommunikationsformen mehr – sie machen das Leben lebenswert.

- Grüßen Sie Menschen, erwidern Sie jeden Gruß, und schauen Sie dem grüßenden Menschen ins Gesicht.
- Nehmen Sie Geschenke an, und machen Sie Geschenke. Überlegen Sie, wie man anderen eine Freude macht.
- Versuchen Sie einen »Schutz-Menschen« zu finden, dem Sie vertrauen können. Man hat ein gutes Gefühl, wenn man weiß, dass es jemanden gibt, der zu einem hält: Kollegen, Freunde oder Verwandte.
- Ziehen Sie keine Vergleiche zwischen sich und anderen, denn Sie sind der Drehbuchautor Ihres eigenen Lebens.
- Lassen Sie auch negative Gefühle heraus. Klagen, schimpfen, weinen ist gesund, diese Impulse zu unterdrücken wäre schädlich.
- Versuchen Sie die eigenen Stärken zu erkennen und zu pflegen, statt die eigenen Schwächen und Probleme zu bejammern.
- Suchen Sie die Stille, das braucht jeder ausgeglichene Mensch.

Wenn Sie sich zu einer Therapie entschließen, ist eine Gruppentherapie häufig von Vorteil. Sie bringt Kontakte und ist für viele Probleme heilsamer als eine Einzeltherapie.

PSI-Tests zur Gedankenkraft

Erinnern Sie sich an die vielen Male, die Sie das Brettspiel »Mensch ärgere dich nicht« gespielt haben? So unterschiedlich die Spielverläufe auch sind, eine Verhaltensweise lässt sich während dieses Spiels bei jedem Menschen beobachten: Jeder möchte eine 6 würfeln. Der Würfel wird beschworen, es wird auf ihn eingeredet. Und dann – volle Konzentration auf den Wurf. Während der Würfel noch kullert, gibt man ihm Wünsche und Befehle mit auf den Weg – als ob man ihm seinen Willen aufzwingen könnte.

Die Beeinflussung unbelebter Materie durch gedankliche Kräfte ist ein faszinierendes Phänomen, das in vielen Tests beobachtet wurde. Vielleicht besitzen auch Sie diese PSI-Fähigkeit.

Was steckt hinter dieser Würfelbeschwörung, und was denken wir uns dabei? Denn eigentlich ist es ja erstaunlich, dass sich hier der Erwachsene ebenso verhält wie das Kind. Ist es nicht so, dass wir versuchen, sehr viel seelische Energie zu mobilisieren, um den Lauf des Würfels zu bestimmen? Also glauben wir daran, dass unser Geist die Materie beeinflussen kann.

Diesen Glauben wollen wir mit Hilfe der PSI-Tests in diesem Kapitel beweisen. Dazu haben wir hier ausschließlich PSI-Tests ausgewählt, mit denen Sie Psychokinese (PK) nachweisen. Zur Erinnerung: Bei der Psychokinese (PK) geht es darum, dass der Geist Einfluss auf die – belebte oder unbelebte – Materie nimmt. Es werden Kräfte auf Dinge und Menschen ausgeübt, die der Verstand nicht erklären kann.

In diesem Kapitel testen Sie also Ihre PSI-Fähigkeit hinsichtlich der PK. Die Tests werden mit einfachen Mitteln durchgeführt; je öfter Sie die Tests machen, desto deutlicher weisen die Ergebnisse auf PSI hin.

Was Sie grundsätzlich beachten müssen

Sie wissen, dass man beim Würfeln schummeln kann. Der einfachste »Kindertrick«, dem Glück etwas nachzuhelfen, ist den Würfel mit der 1 nach oben auf die Hand und die Hand direkt auf die Tischkante zu legen und den Würfel dann nur vorsichtig herunterkullern zu lassen, damit er nicht mehr als eine halbe Drehung macht und die 6 oben liegt. Durch ausdauerndes

kräftiges Schütteln des Würfels im Würfelbecher und sehr schwungvolles Würfeln wird diese »Fehlerquelle« ausgeschaltet.
Für die PK-Würfeltests benötigen wir keine komplizierten Hilfsmittel; deshalb sind diese Tests sehr einfach und genau durchführbar. Das Hauptproblem bei der Verwendung von Würfeln liegt darin, dass einige kommerziell erworbene Würfel physikalisch nicht ausgewogen sind und daher bestimmte Zahlen häufiger fallen. So ist z. B. zu beobachten, dass höhere Augensummen häufiger gewürfelt werden als niedrige. Doch die Tests in diesem Buch umgehen dieses Problem, es werden immer nur eine oder zwei bestimmte Würfelseiten ausgewählt.
Beim ersten PSI-Test erklären wir jeden Schritt sehr detailliert. Das dient Ihrer genauen Orientierung und ist sinnvoll, weil die weiteren Tests ganz ähnlich verlaufen. Bei den Tests kommt es darauf an, dass Sie sich genau an die vorgegebenen Versuchsbedingungen und Auswertungshinweise halten.

Die Würfelseiten mit hohen Zahlen haben weniger Gewicht, da hier mehr Material entfernt wurde. Eigentlich müsste jeder einzelne Würfel gewogen werden. Doch unsere Tests sind so angelegt, dass darauf verzichtet werden kann.

Das brauchen Sie an Material

- 1 Würfelbecher (Plastikbecher reicht)
- 1 Würfel
- Stift und Papier

PSI-Test 1: Würfeln einer bestimmten Augenzahl (1 Spieler)

Das müssen Sie tun

- Überlegen Sie sich vorher, wie viele Würfe Sie machen wollen. Dabei sollte jede Würfelseite ebenso oft gewürfelt werden wie die anderen fünf. Ein Beispiel zur Probe: Sie haben sich 60 Würfe zum Ziel gesetzt, das heißt, sie wollen jede Seite zehnmal würfeln – zehnmal liegt die 1 oben, zehnmal die 2, zehnmal die 3 usw.
- Fangen Sie zunächst beim ersten Spiel mit 30 Würfen an. Jede Würfelseite muss also fünfmal oben liegen. Schreiben Sie die Ergebnisse jeweils in eine Ergebnistabelle.

PSI-Test 1: Würfeln einer bestimmten Augenzahl (1 Spieler)						
Ziel	1. Wurf	2. Wurf	3. Wurf	4. Wurf	5. Wurf	Treffer
Ich würfele eine 1.						
Ich würfele eine 2.						
Ich würfele eine 3.						
Ich würfele eine 4.						
Ich würfele eine 5.						
Ich würfele eine 6.						
Treffer insgesamt:						

- Bei 30 Würfen kann jedes Ziel maximal fünfmal realisiert werden. Sie haben also in diesem Fall immer fünf Würfe (Versuche) für die jeweilige gewünschte Augenzahl.
- Machen Sie sich vor jedem Wurf bewusst, welche Augenzahl Sie würfeln wollen. Die Reihenfolge ist dabei völlig unwichtig; wichtig ist jedoch, dass Sie dann bei der gewählten Zahl bleiben und diese nacheinander fünfmal zum Ziel haben.
- Nehmen Sie sich die ausgesuchte Zahl fest vor, und konzentrieren Sie sich mit der vollen Kraft Ihres Geistes auf das Ergebnis.
- Schütteln Sie kräftig den Würfel im Becher, und werfen Sie ihn auf eine harte Oberfläche.
- Tragen Sie die gewürfelte Augenzahl in die richtige Zeile und Spalte ein. Beispiel: Sie wollten eine 4 würfeln, und das bereits zum dritten Mal. Sie würfeln aber eine 5. Also tragen Sie in die Zeile »Ich würfele eine 4« und in die Spalte »3. Wurf« eine 5 ein.

Sie können bei diesem Test vorgehen, wie Sie wollen. Sich also erst die 1 und dann die 5 vornehmen, wenn Ihnen das lieber ist. Es ist allerdings wichtig, dass Sie dann bei dieser Zahl für die nächsten fünf Male zu bleiben.

So beurteilen Sie Ihr Ergebnis

Die Trefferwahrscheinlichkeit beträgt 1:6. Wie viele Treffer haben Sie? Zählen Sie Ihre Treffer zusammen, und entnehmen Sie Ihr persönliches PSI unserer Skala.

Auswertung von PSI-Test 1

(30 Treffer sind möglich.)

Besonders viel PSI	10 Treffer und mehr
Gutes PSI	9 Treffer
Wenig PSI	7 bis 8 Treffer
Keine PSI-Effekte	6 Treffer und weniger

PSI-Test 2: Würfeln einer bestimmten Augenzahl (2 Spieler)

Der erste PSI-Test kann für zwei Spieler variiert werden. Ob diese Tests in Gruppen tatsächlich erfolgreicher verlaufen, ist wissenschaftlich noch nicht bewiesen. Es gibt jedoch viele Tests, die zu zweit mehr Spaß machen. Und da auch der Gute-Laune-Faktor für PSI eine wichtige Rolle spielt, gibt es in diesem Buch einige Übungen für zwei Personen.

Das müssen Sie tun

- Bei diesem Test würfelt jeder Spieler 30-mal und versucht, jede Augenzahl fünfmal zu würfeln.
- Spieler A fängt an und versucht eine von ihm bestimmte Augenzahl fünfmal hintereinander zu würfeln.
- Anschließend würfelt Spieler B fünfmal mit dem gleichen Ziel.
- So geht es abwechselnd weiter, bis beide Spieler jede Würfelseite jeweils fünfmal ausprobiert haben.
- Alle Ergebnisse sollten zur Vermeidung von Fehlern unbedingt von beiden Spielern notiert werden, und zwar auf einer Tabelle, wie sie für den ersten Test benutzt wurde. Jeder Spieler füllt seine eigene Tabelle aus.

Auch wenn der Erfolg von Tests mit zwei Spielern wissenschaftlich noch nicht erwiesen ist: Probieren Sie es selbst aus, denn es macht auf jeden Fall mehr Spaß als alleine.

So beurteilen Sie Ihr Ergebnis

Die Trefferwahrscheinlichkeit beträgt auch hier 1:6. Wie viele Treffer haben Sie und Ihr Testpartner erzielt? Entnehmen Sie Ihr persönliches PSI der Auswertungsskala.

Auswertung von PSI-Test 2

(60 Treffer sind möglich.)

Besonders viel PSI	20 Treffer und mehr
Gutes PSI	19 Treffer
Wenig PSI	14 bis 18 Treffer
Keine PSI-Effekte	13 Treffer und weniger

PSI-Test 3: Hohe Augenzahl würfeln (1 Spieler)

Das müssen Sie tun

Eigentlich sollten Sie nicht auf einem Tisch würfeln, sondern die Würfel gegen die Wand werfen. Damit wäre sichergestellt, dass es keine bewusst oder unbewusst eingesetzten Tricks gibt – aber diese Bedingung würde das Spiel verzögern. Daher reicht es aus, auf der Tischplatte zu würfeln.

- Würfeln Sie 20-mal, und konzentrieren Sie sich darauf, ausschließlich hohe Augensummen zu würfeln. Das heißt, Sie wollen eine 4, 5 oder 6 würfeln, die 1, 2 und 3 sind hingegen keine Treffer.
- Konzentrieren Sie sich, wie bei den vorhergehenden Versuchen, mit voller Kraft auf das Ergebnis.
- Schütteln Sie energisch den Würfel im Behälter, und werfen Sie ihn auf eine möglichst harte Oberfläche.
- Notieren Sie nach jedem Wurf Ihr Ergebnis auf eine Tabelle.

So beurteilen Sie Ihr Ergebnis

Die Trefferwahrscheinlichkeit beträgt bei diesem Test 3:6, also 50 Prozent. Wie viele Treffer haben Sie? Zählen Sie Ihre Treffer zusammen, und entnehmen Sie Ihr persönliches PSI unserer Skala.

Auswertung von PSI-Test 3

(20 Treffer sind möglich.)

Besonders viel PSI	7 Treffer und mehr
Gutes PSI	6 Treffer
Wenig PSI	4 bis 5 Treffer
Keine PSI-Effekte	3 Treffer und weniger

PSI-Test 4: Hohe Augenzahl würfeln (2 Spieler)

Das müssen Sie tun

- Jeder Spieler würfelt zehnmal und versucht, ausschließlich hohe Augenzahlen, also die 4, 5 oder 6, zu würfeln.
- Dieser Vorgang wird wiederholt, das heißt, Spieler A und Spieler B würfeln jeder weitere zehn Male; insgesamt gibt es also 40 Würfe.
- Wiederum werden alle Ergebnisse von beiden Spielern auf eine Tabelle notiert, Fehler können so vermieden werden.

Wenn Sie niedrige Zahlen bevorzugen, können Sie die Tests 3 und 4 selbstverständlich auch unter umgekehrten Vorzeichen gestalten, indem Sie (und Ihr Testpartner) sich auf die Ziffern 1 bis 3 konzentrieren.

So beurteilen Sie Ihr Ergebnis

Die Trefferwahrscheinlichkeit beträgt auch hier 3:6, das heißt 50 Prozent. Wie viele Treffer haben Sie und Ihr Partner erreicht? Die Tabelle zeigt Ihnen Ihr persönliches PSI-Ergebnis.

Auswertung von PSI-Test 4

(40 Treffer sind möglich.)

Besonders viel PSI	13 Treffer und mehr
Gutes PSI	12 Treffer
Wenig PSI	10 bis 11 Treffer
Keine PSI-Effekte	9 Treffer und weniger

PSI-Test 5: Die Augenzahl 7 mit 2 Würfeln würfeln (1 Spieler)

Das müssen Sie tun

- Bei diesem Test soll mit jedem Wurf, jeweils mit zwei Würfeln, die Augenzahl 7 erreicht werden. Das heißt, eines der folgenden Augenpaare müssen die beiden gefallenen Würfel zeigen: 1+6, 2+5, 3+4, 4+3, 5+2, 6+1.

- Der Vorteil dieses Tests: Die Augenzahl 7 setzt sich aus einer niedrigen und einer höheren Zahl zusammen; dadurch kann die Unausgewogenheit der Würfel fast völlig ausgeschaltet werden.
- Bei diesem Test werden beide Würfel gemeinsam geworfen.
- Konzentrieren Sie sich vor dem Wurf, wie immer, mit ganzem Herzen auf das Wunschergebnis.
- Notieren Sie nach jedem Wurf Ihr Ergebnis auf eine Tabelle.
- Legen Sie vor Beginn des Tests fest, wie viele Würfe Sie machen wollen. Wenn Sie den Test zum ersten Mal machen, fangen Sie am besten mit 30 Würfen an.

Nehmen Sie sich ein wenig Zeit, denn für diesen Test sind 30 Würfe erforderlich, deren Ergebnisse in die Tabelle einzutragen sind.

So beurteilen Sie Ihr Ergebnis

Die Trefferwahrscheinlichkeit beträgt bei diesem Test 1:6. Zählen Sie Ihre Treffer zusammen, und entnehmen Sie der Tabelle Ihr persönliches PSI.

Auswertung von PSI-Test 5

(30 Treffer sind möglich.)

Besonders viel PSI	10 Treffer und mehr
Gutes PSI	9 Treffer
Wenig PSI	7 bis 8 Treffer
Keine PSI-Effekte	6 Treffer und weniger

PSI-Test 6: Die Augenzahl 7 mit 2 Würfeln würfeln (2 Spieler)

Das müssen Sie tun

- Auch bei diesem Test soll mit jedem Wurf mit zwei Würfeln die Augenzahl 7 gewürfelt werden.
- Jeder Spieler konzentriert sich vollkommen auf das gewünschte Ergebnis: die Zahl 7.
- Wie immer werden die Würfel im Becher kräftig geschüttelt und auf eine harte Oberfläche geworfen.

- Beide Spieler notieren, nach dem Muster der anderen Versuche, nach jedem Wurf jedes Ergebnis auf eine Tabelle.
- Legen Sie vor Beginn des Tests fest, wie viele Würfe Sie machen wollen. Wichtig ist natürlich, dass jeder Spieler die gleiche Anzahl an Würfen vorweisen kann. Starten Sie den Test mit 40 Würfen, das heißt, jeder Spieler würfelt 20-mal.

So beurteilen Sie Ihr Ergebnis

Auch bei diesem Test beträgt die Trefferwahrscheinlichkeit 1:6. Wie erfolgreich waren Sie und Ihr Testpartner? Ein kurzer Blick auf unsere Skala verrät es Ihnen.

Wie viele Würfe Sie machen, bleibt Ihnen überlassen. Es empfiehlt sich, mit jeweils 20 Würfen für beide Spiele zu beginnen.

Auswertung von PSI-Test 6

(40 Treffer sind möglich.)

Besonders viel PSI	13 Treffer und mehr
Gutes PSI	12 Treffer
Wenig PSI	10 bis 11 Treffer
Keine PSI-Effekte	9 Treffer und weniger

Für das Testen übersinnlicher Fähigkeiten unersetzbar: Würfel.

PSI-Test 7: Das Brotkorb-Experiment

Gegenstände bewegen, ohne sie anzufassen – was auf den ersten Blick unglaublich klingt, haben viele Menschen schon erlebt oder zumindest aus Berichten gehört. Alles eine Frage des Glaubens, sagen einige – alles eine Frage von PSI, sagen wir.

Die Fähigkeit, Gegenstände, die der Schwerkraft unterliegen, ausschließlich mit der mentalen Kraft zu bewegen gehört in den Bereich der Psychokinese. Denn bei der Psychokinese (PK) geht es ja darum, dass der Geist Einfluss auf die Materie nimmt.

Es ist also nicht immer Spuk und Hexerei, wenn Bilder von den Wänden fallen, Türen sich wie von Geisterhand öffnen, Tische ohne körperlichen Einsatz rücken, das ausgeschaltete Licht plötzlich wieder angeht oder Gläser auf dem Tisch anfangen zu tanzen. Das sind in der Mehrzahl aller Fälle PSI-Erscheinungen, die auf sogenannte Spannungsentladungen zurückzuführen sind. Der unbewusste Teil der Psyche tritt dann mit physikalischen Energien in Beziehung und bildet ein »zeitweiliges Kraftfeld«. Psychokinetische Erscheinungen werden dadurch möglich.

Eine Verbindung zwischen Seele und physikalischer Energie existiert ohne jeden Zweifel. Materie ist ebenfalls Energie, auf sie wird bei der Psychokinese durch eine psycho-physische Interaktion eingewirkt.

Das müssen Sie tun

- Probieren Sie Ihre PSI-Begabung aus. Versuchen Sie auf materielle Dinge derart Einfluss zu nehmen, dass sie sich ohne eine Berührung von Ihnen oder einer anderen Person bewegen.
- Nehmen Sie einen Brotkorb, der aus Metallblech besteht und mit Löchern versehen ist. Legen Sie diesen Brotkorb umgedreht auf einen Tisch.
- Legen Sie nun Ihre Hand in einem Abstand von ungefähr 40 Zentimetern darüber.
- Konzentrieren Sie sich ausschließlich darauf, den Brotkorb bewegen zu wollen. Schalten Sie alle anderen Gedanken möglichst aus. Vor allem negative Gedanken können das Kraftfeld stören.
- Bewegen Sie nun Ihre Hand vor und zurück, wobei Sie immer den gleichen Abstand von der Tischplatte einhalten.
- Besitzen Sie genügend PSI-Fähigkeiten, dann folgt der Brotkorb Ihren Bewegungen und gleitet auf der Tischplatte hin und her.

So beurteilen Sie Ihr Ergebnis

- Wer den Brotkorb zum Rutschen bringt, ohne ihn zu berühren, und ihn auch nicht mit anderen Hilfsmitteln als der eigenen PSI-Kraft in Bewegung setzt, der hat sehr starke übersinnliche Fähigkeiten. Sie gehören in diesem Fall zu denjenigen Menschen, die seelisch sehr viel Energie freisetzen können und sich über die Psyche entladen.
- Geben Sie sich etwas Zeit, und seien Sie nicht enttäuscht, wenn es nicht sofort beim ersten Mal funktioniert. Bedenken Sie, dass nicht jeder Mensch automatisch die Fähigkeit besitzt, energetische Spannungen über die Psyche aufzubauen und ein so starkes Kraftfeld zu erzeugen, dass er auf Materie einwirken kann.

Sie können genügend PSI-Begabung besitzen, ohne dass das Experiment auf Anhieb klappt. Halten Sie sich immer die Tatsache vor Augen, dass auch ein guter Sportler regelmäßiges Training braucht. Also trainieren Sie Ihr persönliches PSI, und üben Sie anhand des Brotkorb-Experiments.

PSI-Test 8: Das Verbiegen von Gegenständen

In den Bereich der Psychokinese gehört auch das Verbiegen von Gegenständen wie Schlüsseln, Metallgegenständen, Nägeln oder Plastikteilen. Auch diese Fähigkeit wird von PSI bestimmt und wurde bereits häufig beobachtet. Es hat hier also nichts mit der Größe der Muskelmasse zu tun, denn auch das Verbiegen von festen und stabilen Gegenständen wird von der Psyche gesteuert. Die Kraft liegt folglich nicht im Körper, sondern im Geist. Ein schönes Beispiel für einen ähnlichen Vorgang bietet Karate, die aus Japan stammende sportliche Methode der waffenlosen Selbstverteidigung. Dieser Sport beruht auf einer sehr ausgeprägten Disziplin. Der Karatekämpfer ist nur aufgrund seines Willens in der Lage, einen dicken Holzstamm mit seiner bloßen Hand zu durchschlagen, ohne sich zu verletzen.
Ein anderes Beispiel ist der Fakir, der sich auf einem Reißnagelbrett ebenso wohl fühlt wie andere Menschen auf ihrem Sofa. Auch er trägt vom Sitzen oder Liegen auf den spitzen Nägeln keine Blessuren davon, und das ist immer eine Frage der Konzentration und des Willens. Diese Dinge spielen sich heute aber nicht mehr nur im Fernen Osten ab; auch hierzulande ist das Trainieren der eigenen Willenskraft angesagt, vor allem auf so genannten

Disziplin und Konzentration – geistige Kraft – sind bei Karate entscheidend, nicht die physische Kraft.

»Anti-Stress-Seminaren«. Dazu gehört neben den eben angesprochenen Fähigkeiten auch das Laufen über glühende Kohlen. Fernsehbilder haben sie gezeigt: die gestressten Manager und Angestellten, die mit nackten Füßen über glühende Kohlen laufen, ohne Verbrennungen davonzutragen.

Das zeigt also, dass diese Phänomene nicht nur bei besonderen Menschen oder nur in Ausnahmesituationen auftreten. Diesen PSI-Faktor kann jeder Mensch entwickeln; er muss nur lernen, seinen Willen konsequent zu beherrschen und seinen Geist vollkommen zu konzentrieren.

Wem es gelingt, die eigene Willenskraft zu beherrschen, der kann Dinge vollbringen, die unter normalen Umständen rein physikalisch als ausgeschlossen gelten.

Das müssen Sie tun

- Trainieren Sie für diesen Versuch in regelmäßigen Abständen Ihre Willenskraft. Projizieren Sie die ganze Kraft Ihres Geistes auf den Gegenstand, den Sie verbiegen wollen.
- Probieren Sie es zunächst einmal mit einem leichteren Gegenstand wie beispielsweise einem großen, dicken Nagel. Nehmen Sie erst dann einen Schlüssel, wenn Sie den Nagel geschafft haben.
- Legen Sie den Nagel vor sich auf den Tisch, und konzentrieren Sie sich vollkommen darauf, dass Sie ihn verformen wollen.

- Lassen Sie sich dabei Zeit, denn Sie brauchen eine Weile, bis Sie die völlige Konzentration erreicht haben. Mit Ungeduld kommen Sie hier nicht weiter. Atmen Sie tief durch, und spüren Sie das Starke in sich. Horchen Sie in sich hinein, denn der richtige Zeitpunkt wird Ihnen sozusagen »mitgeteilt«.
- Wenn Sie die Kraft in sich spüren, dann nehmen Sie den Nagel in beide Hände und verbiegen ihn. Wenn es nicht sofort klappt, dann benötigen Sie noch etwas mehr Willenskraft. Probieren Sie es erneut, und geben Sie nicht vorschnell auf. Wie gesagt, Sie brauchen Ruhe, volle Konzentration und etwas Training. Ein Karatekämpfer (das wissen Sie bestimmt aus zahlreichen Dokumentationen) schafft seine Leistung auch nicht von heute auf morgen.

Konzentrieren Sie sich auf sich selbst, und achten Sie ganz genau auf den Augenblick, in dem Sie Ihre Kräfte deutlich spüren. Dies erfordert Willenskraft und Training – deshalb sollten Sie nicht aufgeben, wenn es nicht auf Anhieb klappt.

So beurteilen Sie Ihr Ergebnis

- Bei dieser psychokinetischen Übung handelt es sich um eine Kommunikationsform auf unbewusster Ebene. Die Kommunikation führt zu einer Einwirkung auf die Materie, Voraussetzung ist eine psycho-physische Interaktion.
- Auf diese Art und Weise zu kommunizieren ist eine Gabe, die einige Menschen einfach in sich tragen. Sie haben ein starkes Unterbewusstsein. Andere dagegen müssen sich diese Fähigkeit erst erarbeiten, aber auch das ist möglich. Denn das Unterbewusstsein lässt sich trainieren, seine Kraft wirksam einsetzen.
- Sie sehen an diesem Experiment, dass die PSI-Kraft trainiert werden kann. Das ist natürlich immer mit dem Glauben an sich selbst und an die Willenskraft des Geistes verbunden. Wer von Anfang an denkt, das klappt bestimmt nicht, wird scheitern. Also trauen Sie sich das Ungewöhnliche ruhig zu!
- Außerdem sind die guten und die weniger guten Tage zu beachten. Nicht jeder Tag ist gleich; werfen Sie nicht gleich die Flinte ins Korn, wenn an einem Tag mal gar nichts gelingt. Gönnen Sie sich und Ihrem Unterbewusstsein eine kleine Pause, und machen Sie an einem der nächsten Tage in neuer Frische weiter.
- Notieren Sie sich Ihre Fortschritte, entwerfen Sie ein kleines Trainingsprogramm. Sie steigern damit Ihre Motivation und verfolgen den Anstieg Ihrer PSI-Fähigkeit.

PSI-Tests zur außersinnlichen Wahrnehmung

Mehr als ein Verbrechen ist schon mit Hilfe von Personen aufgeklärt worden, die die Fähigkeit außersinnlicher Wahrnehmung besitzen.

Bei der außersinnlichen Wahrnehmung (ASW) geht es im Unterschied zur Psychokinese darum, Informationen zu senden oder/und zu empfangen, ohne dass einer unserer fünf Sinne daran beteiligt ist. Dazu gehört z. B. die Fähigkeit, Gedanken zu übertragen, ohne dass die Menschen die Gedanken über einen der fünf Sinne austauschen. »Telepathie« wird dieser Vorgang genannt; man erfährt etwas, ohne es gehört, gesehen, gerochen, gefühlt oder geschmeckt zu haben. Aber auch Hellsehen ist eine außersinnliche Fähigkeit, ebenso wie Präkognition. Das ist die Fähigkeit, Ereignisse, die erst noch stattfinden werden, vorab zu erkennen.

ASW ist ebenfalls eine PSI-Erscheinung, die man mit Hilfe von PSI-Tests nachweisen kann. Doch bevor Sie diese Tests machen, lehnen Sie sich doch einmal einen Augenblick entspannt zurück, und überlegen Sie, wann Sie in der letzten Zeit Situationen erlebt haben, in denen Sie spontan an Hellsehen oder Telepathie gedacht haben.

Wem ist das noch nicht passiert: Sie träumen von einem Menschen, den Sie jahrelang nicht gesehen oder gesprochen haben. Und ein oder zwei Tage nach diesem Traum meldet sich tatsächlich genau diese Person bei Ihnen. Zufall sagen die einen, Telepathie die anderen. Ein anderes Beispiel: Ein Mensch ist verschwunden, es werden große Suchaktionen gestartet. Häufig werden die Einsatzgruppen der Polizei von einer Person begleitet, die hellseherische Fähigkeit hat und damit wichtige Hinweise zum Aufenthalt des Opfers geben kann. In den Medien wird immer wieder über solche Vorgänge berichtet.

Haben Sie eventuell diese Begabung? Können Sie hellsehen, und sind Sie in der Lage, telepathische Nachrichten zu empfangen? Testen Sie diese Fähigkeiten in diesem Kapitel.

Was Sie grundsätzlich beachten müssen

Die folgenden Tests werden mit Spielkarten, den diesem Buch beiliegenden Symbolkarten und Bildern (Fotos) durchgeführt. Achten Sie bitte darauf, dass sich diese Hilfsmittel in einem einwandfreien Zustand befinden, sie dürfen keine Knicke, Falten oder andere Merkmale haben. Gezinkte Karten, die jede Testperson leicht wiedererkennen kann, machen den Test kaputt. Das Ergebnis ist dann ungültig, PSI kann so nicht nachgewiesen werden.
Behandeln Sie das Testmaterial also sehr sorgfältig, und kaufen Sie ein neues Kartenspiel, da jedes Kartenspiel zu Hause normalerweise benutzt und damit identifizierbar ist. Auch in diesem Kapitel erklären wir beim ersten PSI-Test jeden Schritt sehr detailliert. Das dient Ihrer genauen Orientierung, denn die weiteren Tests funktionieren ganz ähnlich.

Auf den letzten Seiten finden Sie die Karten mit den Symbolen Kreuz, Dreieck, Kreis, Raute und Quadrat. Sie werden die Karten für mehrere Tests brauchen.

Das brauchen Sie an Material

- 1 neues Kartenspiel, bestehend aus 52 Karten plus Joker. Die Joker benötigen Sie für die Tests allerdings nicht.
- 20 Symbolkarten (aus dem hinteren Teil des Buches).
- Bilder und Fotos aus Zeitschriften und privater Fotosammlung – mehr dazu erfahren Sie bei dem jeweiligen Test.

Besorgen Sie sich für die Tests ein neues Kartenspiel, damit keine Karte verknickt und damit markiert ist. Es würde das Ergebnis der Tests beeinflussen.

PSI-Test 9: Hellsehen mit Kartenfarben (1 Spieler)

Das müssen Sie tun

- Sie benötigen für diesen Test ein Kartenspiel mit 52 Karten, ohne Joker. Mischen Sie die Karten sehr gründlich, und legen Sie dann alle Karten mit der Rückseite nach oben auf einen Stapel.
- Heben Sie die oberen 20 Karten vom Stapel ab, und legen Sie die restlichen 32 Karten zur Seite.
- Konzentrieren Sie sich jetzt ausschließlich auf den Stapel mit den 20 Karten. Schauen Sie sich die oben liegende Kartenrückseite an. Testen Sie Ihre hellseherische Fähigkeit, indem Sie bei jeder Karte, die Sie verdeckt vom Stapel abheben, die Farbe der Karte »erkennen«. »Spüren« Sie in sich hinein, ob es sich um eine rote oder eine schwarze Karte handelt.

Wenn Sie die Farbe der verdeckten Karte nicht sofort »sehen« können, sollten Sie sich ruhig Zeit lassen. Je nach Tagesform kann es sein, dass Ihre inneren Kräfte bei diesem Test sehr schnell verbraucht werden und zwischendurch kleine Pausen erforderlich sind.

- Wenn Sie glauben, dass Sie eine rote Karte »sehen«, dann legen Sie diese Karte nach rechts. Sind Sie der Meinung, dass es sich um eine schwarze Karte handelt, legen Sie die Karte nach links. Achtung: Nicht anschauen! Bilden Sie mit den beiseite gelegten Karten zwei neue Stapel. Während des gesamten Tests bleiben die Karten umgedreht, so dass Sie deren Symbol und Farbe nicht mit Ihren Augen sehen können, sondern ausschließlich mit Ihrer hellseherischen Fähigkeit erkennen.
- Fahren Sie so lange fort, bis jeweils zehn Karten auf den kleinen neuen Stapeln liegen.
- Schreiben Sie Ihre »Hellseherergebnisse« in eine Tabelle: Kreuzen Sie bei jeder Karte die Farbe an, die Sie hellsehen. Schön wäre es, wenn ein Mitspieler da ist, der für Sie die Ergebnisse einträgt. Es gibt nämlich Menschen, denen das permanente Hin- und Herspringen zwischen »Erspüren« und »Protokollführen« in ihrer Konzentration und Motivation schadet. Sagen Sie in dem Fall laut, welche Farbe Sie mit Ihrer hellseherischen Fähigkeit zu erkennen glauben, und Ihr Mitspieler macht bei der entsprechenden Farbe in der Tabelle ein Kreuz. Wenn Sie keinen Mitspieler haben, können Sie den Test natürlich trotzdem machen, versuchen Sie aber stets, Ihre Konzentration beizubehalten.

PSI-Test 9: Hellsehen mit Kartenfarbe (1 Spieler)					
Ziehung	Rot	Schwarz	**Ziehung**	Rot	Schwarz
1. Karte			11. Karte		
2. Karte			12. Karte		
3. Karte			13. Karte		
4. Karte			14. Karte		
5. Karte			15. Karte		
6. Karte			16. Karte		
7. Karte			17. Karte		
8. Karte			18. Karte		
9. Karte			19. Karte		
10. Karte			20. Karte		
Summe:			Summe:		
Durch das Hellsehen erkannte rote Karten (zählen Sie die Zahlen aus den Spalten »Rot« zusammen):					
Durch das Hellsehen erkannte schwarze Karten (zählen Sie die Zahlen aus den Spalten »Schwarz« zusammen):					
So viele rote Karten liegen tatsächlich im rechten Stapel:					
So viele schwarze Karten liegen im linken Stapel:					
Treffer insgesamt:					

Das Erarbeiten dieses Tests mit einem Mitarbeiter macht nicht nur mehr Spaß, sondern fördert auch die Konzentration der Testperson, da sie sich nicht ständig um lästige Handgriffe kümmern muss.

- Am Ende des ganzen Durchgangs drehen Sie die kleinen Stapel um, lassen aber auf jeden Fall die Karten auf dem rechten und linken Stapel liegen. Die ersten Karten, deren Farbe Sie zu »erspüren« versucht haben, liegen jetzt also oben.
- Zählen Sie nun die roten Karten, die auf dem rechten Stapel liegen. Wie viele rote Karten befinden sich darin tatsächlich? Schreiben Sie das Ergebnis in die drittletzte Zeile.
- Zählen Sie dann die schwarzen Karten in dem linken Stapel. Schreiben Sie die Anzahl in die zweitletzte Zeile.

- Vergleichen Sie nun diese Zahlen mit Ihren Ergebnissen, die Sie durch das Hellsehen erzielt haben. Wie viele Treffer haben Sie erreicht? Schreiben Sie die Anzahl der Treffer in die letzte Zeile.
- Wiederholen Sie diesen Durchgang fünfmal, so dass Sie insgesamt auf 100 Rateversuche bzw. »Hellseherversuche« kommen. Legen Sie die 20 Karten also zu den anderen Karten zurück, und mischen Sie alle Karten nach jedem Durchgang sehr gründlich.

So beurteilen Sie Ihr Ergebnis

Die Trefferwahrscheinlichkeit beträgt – weil ja nur zwei Farben im Spiel sind – 50 Prozent. Entnehmen Sie jetzt anhand der errechneten Trefferzahl Ihr persönliches PSI unserer Skala.

Wirklich aussagefähige Ergebnisse erhalten Sie erst, wenn Sie diesen Test fünfmal wiederholen und dann die Auswertung vornehmen. Überfordern Sie sich dabei nicht, sondern machen Sie lieber zu einem späteren Zeitpunkt weiter, wenn Ihre inneren Kräfte schwinden.

Auswertung von PSI-Test 9

(100 Treffer sind möglich.)

Besonders viel PSI	66 Treffer und mehr
Gutes PSI	61 bis 65 Treffer
Wenig PSI	58 bis 60 Treffer
Keine PSI-Effekte	57 Treffer und weniger

PSI-Test 10: Hellsehen mit Kartenfarben (2 Spieler)

Auch der vorige PSI-Test kann, wie die Tests des letzten Kapitels, auf zwei Spieler erweitert werden. Sie machen den Test jedoch gemeinsam und werten am Schluss nur ein gemeinsames Ergebnis aus.

Das müssen Sie tun

- Sie benötigen wieder ein Kartenspiel mit 52 Karten, ohne Joker. Mischen Sie gründlich die Karten, und legen Sie sie dann mit der Rückseite nach oben auf einen Stapel.
- Dieses Mal hebt jeder Spieler jeweils zehn Karten vom Stapel ab. Die restlichen 32 Karten werden zur Seite gelegt.

- Jeder Spieler konzentriert sich ausschließlich auf seinen Stapel von zehn Karten. Die hellseherischen Fähigkeiten werden getestet, indem bei jeder Karte, die verdeckt vom Stapel abgehoben wird, die Farbe der Karte laut gesagt wird, ohne dass einer der Spieler die Farbe mit den eigenen Augen sehen kann. Das geschieht immer abwechselnd, das heißt, erst nimmt Spieler A eine Karte und errät die Farbe, dann Spieler B.
- Beide Spieler bilden zusammen einen Stapel mit roten und einen mit schwarzen Karten. Wer glaubt, vor seinem geistigen Auge eine rote Karte zu »sehen«, legt diese (immer noch mit der Rückseite nach oben) auf den rechten Stapel. Glaubt der Spieler, eine schwarze Karte zu sehen, kommt diese auf den linken Stapel.
- Natürlich bleiben auch bei diesem Test die Karten während der ganzen Zeit umgedreht, so dass keiner der beiden Spieler deren Symbol und Farbe mit den Augen sehen kann, sondern ausschließlich seine hellseherische Fähigkeit nutzt.
- Beide Spieler schreiben ihre Ergebnisse während des Tests in eine Tabelle: Es wird bei jeder gezogenen Karte die Farbe angekreuzt, die durch das Hellsehen erkannt wird.
- Der Durchgang ist dann beendet, wenn jeder Spieler zehnmal seine hellseherische Begabung ausprobiert hat.
- Am Ende des Durchgangs drehen Sie, wie schon beim letzten Test, die Spielkarten einzeln um, lassen sie aber vorerst auf dem rechten und linken Stapel liegen.
- Zählen Sie nun die roten Karten im rechten Stapel. Wie viele liegen dort tatsächlich? Schreiben Sie das Ergebnis in die drittletzte Zeile.
- Zu guter Letzt zählen Sie nach, wie viele schwarze Karten im linken Stapel liegen, und schreiben auch deren Anzahl auf, und zwar in die zweitunterste Zeile.
- Vergleichen Sie nun diese Zahlen mit den von Ihnen erzielten Ergebnissen. Wie viele Treffer haben Sie als Team erreicht? Schreiben Sie die Anzahl der Treffer insgesamt in die letzte Zeile.
- Wiederholen Sie diesen Durchgang zehnmal, so dass Sie insgesamt auf 200 Ratedurchgänge bzw. »Hellseherversuche« kommen. Wie erfolgreich waren Sie als Hellseherteam?

Je eher die Testpartner bereit sind, die Fähigkeiten und Neigungen des anderen zu respektieren, desto eher können sie ein gutes PSI-Team bilden. Versuchen Sie erst gar nicht, jemanden zum Mitspielen zu überreden, der Ihre Fähigkeiten in Abrede stellt oder sich gar darüber lustig macht.

So beurteilen Sie Ihr Ergebnis

Bedenken Sie, dass ein enttäuschendes Ergebnis bei diesem Test nicht grundsätzlich negativ ist. Hier kann sehr viel von einer ungünstigen Partnerkonstellation abhängen. Sinnvoll kann es sein, den Partner vorweg einige Einzeltests machen zu lassen, um seine Eignung einzuschätzen.

Auch bei diesem PSI-Test beträgt die Trefferwahrscheinlichkeit 50 Prozent. Entnehmen Sie jetzt anhand der errechneten Trefferzahl die Begabung Ihres PSI-Teams unserer Skala. Seien Sie jedoch nicht enttäuscht, wenn die ersten Versuche weit unter der 50-Prozent-Marke liegen. Ein Team braucht immer seine Eingewöhnungszeit. Trainieren Sie Ihre Teamfähigkeit beim Hellsehen regelmäßig, und Sie werden sehen, wie sich Ihre Treffer deutlich erhöhen. Es gibt allerdings auch Teams, die einfach nicht zusammenpassen. Wenn es gar nicht klappt, einfach mal mit einem anderen Partner die gemeinsame hellseherische Fähigkeit testen.

Auswertung von PSI-Test 10

(200 Treffer sind möglich.)

Besonders viel PSI	130 Treffer und mehr
Gutes PSI	125 bis 129 Treffer
Wenig PSI	115 bis 124 Treffer
Keine PSI-Effekte	114 Treffer und weniger

Der Glaube an hellseherische Fähigkeiten existiert seit vielen Hundert Jahren.

PSI-Test 11: Telepathie mit Kartenfarben I

Bei diesem Test geht es um die telepathische Fähigkeit. Telepathie, Gedankenübertragung, heißt so viel wie »aus der Entfernung empfinden, was anderswo gefühlt und gedacht wird«. Das Wort »Telepathie« setzt sich zusammen aus der Vorsilbe »tele« und »pathie«. »Tele« wird mit »fern« übersetzt, und »pathie« steht für »empfinden«, bekannt aus dem Wort »Sympathie«, das »Mitempfinden« heißt.

Der Vorgang der Telepathie ist etwas anderes als das Mitfühlen (Sympathie), und er kann mit einem dritten Begriff bezeichnet werden, der Empathie. Das bedeutet: wissen, erkennen, was in einem anderen Menschen vorgeht. Können Sie »erspüren«, was im Kopf eines Menschen, den Sie nicht sehen und der Ihnen deshalb keine Hilfe beim Erspüren seiner Gedanken bieten kann, vor sich geht?

Durch Telepathie ist eine Art der Verständigung möglich, die auf keine bekannte Art und Weise unterbrochen oder sonstwie gestört werden kann. Auch Geheimnisse können durch Gedankenübertragung übermittelt werden.

Das müssen Sie tun

- Sie benötigen auch bei diesem Test wieder ein Kartenspiel mit 52 Karten, ohne Joker.
- Außerdem brauchen Sie einen Testpartner. Dieser sollte jedoch den Test ernst genug nehmen, um ihn mit Ihnen durchzuführen.
- Sie müssen sich vor Beginn des Tests entscheiden, wer von Ihnen die Testperson und wer der sogenannte Sender ist. Die Testperson, der Empfänger, erhält die telepathische Botschaft von dem Sender übermittelt.
- Der Sender ist also derjenige, der den Gedanken überträgt. Er konzentriert sich vollkommen auf die Botschaft und »sendet« diese mit der Kraft seines Geistes an die Testperson.
- Die Testperson konzentriert sich darauf, eine Gedankenübertragung, also eine Botschaft, vom Sender zu empfangen.
- Testperson und Sender dürfen sich nicht sehen, sie sollten Rücken an Rücken sitzen.
- Die Aufgabe des Senders ist, kraft seiner Gedanken der Testperson zu übertragen, was er sieht.

Anleitung für den Sender

- Setzen Sie sich Rücken an Rücken mit der Testperson.
- Mischen Sie die 52 Karten.
- Heben Sie die oberen 20 Karten ab, und legen Sie die restlichen 32 Karten zur Seite. Erzählen Sie der Testperson, was Sie machen, und sagen Sie laut Bescheid, wenn Sie damit fertig sind.
- Drehen Sie nun die oberste der 20 Karten um. Sie können die Kartenfarbe sehen, die Testperson nicht.
- Konzentrieren Sie sich auf die Kartenfarbe, bis Sie das Gefühl haben, Sie haben die Farbe als Botschaft »geistig im Griff«. Sprechen Sie während des ganzen Vorgangs kein Wort, und machen Sie möglichst keine Geräusche.
- Konzentrieren Sie sich so lange auf diese Farbe, bis die Testperson Ihnen sagt, um welche Farbe es sich ihrer Meinung nach handelt – Rot oder Schwarz.
- Tragen Sie Ihre Botschaft und die Antwort der Testperson folgendermaßen in eine Tabelle ein:

1. Kreuzen Sie die Farbe an, die Sie der Testperson übermittelt haben.
2. Kreuzen Sie die Kartenfarbe an, die die Testperson Ihnen genannt hat.

- Unterbrechen Sie den Versuch, wenn einer von Ihnen Unlust oder Müdigkeit verspürt.
- Wiederholen Sie diesen Test fünfmal, so dass Sie insgesamt auf 100 übermittelte Botschaften kommen. Bedenken Sie, dass nur 20 Versuche nicht ausreichen, um eine PSI-Begabung nachzuweisen.

Versuchen Sie während des Tests genau zu erspüren, in welcher Stimmungslage sich der Partner befindet. Sollten Sie Signale empfangen, die Unlust, Langeweile oder gar Belustigung seitens des Partners ausdrücken, ist eine Fortsetzung des Tests nicht ratsam.

So beurteilen Sie Ihr Ergebnis

Der Sender und die Testperson vergleichen nach dem Test, wie oft die Botschaft des Senders mit der Antwort der Testperson übereinstimmt. Auch bei diesem PSI-Test beträgt die Trefferwahrscheinlichkeit 50 Prozent.

Auswertung von PSI-Test 11

(100 Treffer sind möglich.)

Besonders viel PSI	66 Treffer und mehr
Gutes PSI	61 bis 65 Treffer

Wenig PSI	58 bis 60 Treffer
Keine PSI-Effekte	57 Treffer und weniger

Mit diesem Test kann jedoch die Fähigkeit der Telepathie nicht 100-prozentig überprüft werden. Grund: Sender und Testperson sind zu nah zusammen, unbewusst kann doch etwas angedeutet oder verraten worden sein. Es bleiben also Zweifel, die erst dann ausgeräumt sind, wenn sich die Teilnehmer in getrennten Räumen befinden. Dazu mehr im nächsten Test.

PSI-Test 12: Telepathie mit Kartenfarben II

Der eben beschriebene Test kann zu einem Test der unbeschränkten Telepathie erweitert werden, wenn sich die Personen in zwei getrennten Zimmern aufhalten, zwischen denen sich noch ein weiteres Zimmer mit geschlossenen Türen befindet. Eine Deutung der Botschaft über die Mimik oder irgendeine andere Möglichkeit der Sinneswahrnehmung wird damit von vornherein ausgeschlossen. In dieser Hinsicht lassen sich alle Telepathietests erweitern.

Bei diesem Test steigt folglich die Bedeutung der genauen Uhrzeit. Da sich die Teilnehmer gegenseitig nicht sehen können, müssen sie sich nach einem exakten Zeitplan richten. Zunächst sollten deshalb die Uhren der Teilnehmer sekundengenau übereinstimmen. Dann muss man sich über die genaue Dauer des Tests einigen. Beispiel: Alle zwei Minuten wird eine neue Botschaft übermittelt. Dabei wird stets in der ersten Minute übermittelt und empfangen, in der zweiten Minute das Übermittelte und Empfangene aufgeschrieben. Bei 100 Botschaften würde der Test also 200 Minuten dauern, eine Zeit von drei Stunden und 20 Minuten. Pausen dürfen selbstverständlich gemacht werden. Eine Hilfe bieten auch sogenannte Alarmgeräusche, die wahlweise von einer Glocke, einer Uhr oder einem Telefon stammen können.

Der Test lässt sich in Bezug auf die Aufenthaltsorte der Teilnehmer beliebig ausdehnen auf verschiedene Gebäude, verschiedene Städte oder gar Länder. Probieren Sie es aus!

Gerade bei Tests mit wenig aufgeschlossenen Partnern sollten Sie die Versuche lieber abbrechen, als unbedingt zu Ergebnissen kommen zu wollen. Begründen Sie den Abbruch im Zweifelsfall mit Ihrer eigenen Situation – vermeiden Sie dabei Schuldzuweisungen an den anderen.

PSI-Test 13: Hellsehen mit Kartensymbolen (1 Spieler)

Dieser Test funktioniert ähnlich wie PSI-Test 9, er ist jedoch anspruchsvoller. Der Grund: Wir haben hier fünf verschiedene Symbole, von denen jeweils eins erkannt werden muss. Das heißt, die Trefferwahrscheinlichkeit beträgt 1:6. Bei den vorherigen Hellseh- und Telepathietests musste sich die Testperson lediglich zwischen zwei Farben entscheiden, dort lag die Trefferwahrscheinlichkeit bei 50 Prozent.

Dieser Test ist etwas anspruchsvoller und sollte deshalb auf den bereits beschriebenen Übungen aufbauen. Er eignet sich also nicht unbedingt zum ersten Einstieg in die Materie.

Das müssen Sie tun

- Sie benötigen für diesen Test die 20 Symbolkarten, die diesem Buch beiliegen. Mischen Sie die Karten gründlich, und legen Sie dann alle mit der Rückseite nach oben auf einen Stapel.
- Konzentrieren Sie sich jetzt ganz auf den Stapel mit den 20 Karten. Testen Sie Ihre hellseherische Fähigkeit, indem Sie bei jeder Karte, die Sie verdeckt vom Stapel abheben, das Symbol der Karte zu »erspüren« versuchen. Während des gesamten Tests bleiben die Karten umgedreht, so dass Sie deren Symbol nicht mit Ihren Augen sehen können, sondern ausschließlich mit Ihrer hellseherischen Fähigkeit erkennen. Auch bei diesem Test wäre es für Sie auf jeden Fall von Vorteil, wenn ein Mitspieler da ist, der für Sie die Ergebnisse einträgt. Sagen Sie in dem Fall laut, welches Symbol Sie erkennen, und Ihr Partner macht bei den entsprechenden Symbolen in der Tabelle ein Kreuz.

Noch einmal zu Ihrer Erinnerung: Das sind die Symbole der Karten und ihre Bezeichnung.

✖ Kreuz
▲ Dreieck
● Kreis
◆ Raute
■ Quadrat

Kreuzen Sie die Symbole, die Sie mit Ihrer hellseherischen Fähigkeit erkannt haben, in der folgenden Tabelle an.

PSI-Test 13: Hellsehen mit Kartensymbolen (1 Spieler)					
Ziehung	✖	▲	●	◆	■
1. Karte					
2. Karte					
3. Karte					
4. Karte					
5. Karte					
6. Karte					
7. Karte					
8. Karte					
9. Karte					
10. Karte					
11. Karte					
12. Karte					
13. Karte					
14. Karte					
15. Karte					
16. Karte					
17. Karte					
18. Karte					
19. Karte					
20. Karte					
Treffer insgesamt:					

Haben frühere Tests gezeigt, dass sich Ihre PSI-Fähigkeiten noch im Entwicklungsstadium befinden, sollten Sie sich durch ein schlechtes Ergebnis bei diesem Test nicht entmutigen lassen. Es kann dadurch zustande kommen, dass Sie wegen des größeren Aufwands bei diesem Test abgelenkt sind.

- Am Ende des Durchgangs drehen Sie den Stapel mit den Karten um; die Symbole sind nun sichtbar. Lassen Sie die Karten aber auf dem Stapel liegen.
- Vergleichen Sie nun die Karten in dem Stapel mit Ihren Ergebnissen. Nehmen Sie die oberste Karte, vergleichen Sie das Symbol mit dem, welches Sie angekreuzt haben, und legen Sie die Karte dann beiseite.

Haben Sie sich in mehreren Tests mit Hellsehen beschäftigt und dabei stets weniger PSI-Effekte festgestellt, kann dies daran liegen, dass Ihre PSI-Fähigkeiten zwar vorhanden, aber noch zu wenig entwickelt sind. Gönnen Sie sich ab und zu eine Ruhepause, und wenden Sie sich anderen Dingen zu.

- Schreiben Sie zum Schluss die Anzahl der Treffer, die Sie erreicht haben, in die letzte Zeile.
- Wiederholen Sie diesen Durchgang fünfmal, so dass Sie insgesamt auf 100 Versuche kommen. Vergessen Sie nicht, die Karten vor jedem neuen Durchgang durchzumischen.

So beurteilen Sie Ihr Ergebnis

Zählen Sie wie immer Ihre Treffer zusammen, und entnehmen Sie Ihr persönliches PSI unserer Tabelle.

Auswertung von PSI-Test 13

(100 Treffer sind möglich.)

Besonders viel PSI	60 Treffer und mehr
Gutes PSI	55 bis 59 Treffer
Wenig PSI	50 bis 54 Treffer
Keine PSI-Effekte	49 Treffer und weniger

Nehmen Sie sich für die Tests Zeit, und zwingen Sie sich zu nichts. Auf Knopfdruck können übersinnliche Fähigkeiten nicht auftreten.

PSI-Test 14: Hellsehen mit Kartensymbolen (2 Spieler)

Wir erweitern PSI-Test 12 für zwei Spieler. Den Test machen Sie gemeinsam und werten auch am Schluss nur ein gemeinsames Ergebnis aus, das Aufschluss über Ihre hellseherische Fähigkeit geben soll.

Das müssen Sie tun

- Sie benötigen wieder die 20 Symbolkarten, die diesem Buch beiliegen. Mischen Sie die Karten sehr gründlich, und legen Sie sie dann mit der Rückseite nach oben auf einen Stapel.
- Anschließend wird der Stapel geteilt, so dass jeder Spieler einen kleinen Stapel mit zehn Karten erhält.
- Jeder Spieler konzentriert sich ausschließlich auf seinen Stapel. Die hellseherischen Fähigkeiten werden getestet, indem der Spieler bei jeder Karte, die verdeckt vom Stapel abgehoben wird, das Symbol laut sagt, ohne dass er oder der andere Spieler das Symbol mit den eigenen Augen sehen kann. Das geschieht immer abwechselnd, das heißt, erst nimmt Spieler A eine Karte von seinem Stapel und errät das Symbol, dann ist Spieler B mit seinem Stapel an der Reihe.
- Wichtig: Auch bei diesem Test bleiben die Karten immer umgedreht, so dass keiner der beiden Spieler die Symbole sehen kann, sondern einzig und allein seine hellseherische Fähigkeit nutzt.
- Jeder der beiden Spieler schreibt seine Ergebnisse während des Tests in eine separate Tabelle: Es wird bei jeder gezogenen Karte das Symbol angekreuzt, das durch das Hellsehen erkannt wird.
- Der Durchgang ist dann beendet, wenn jeder Spieler zehnmal seine hellseherische Begabung getestet hat.
- Am Ende des Durchgangs drehen Sie die Karten um, lassen sie aber vorerst auf den beiden Stapeln liegen. Die Karten liegen nun mit dem Symbol nach oben.
- Jeder Spieler vergleicht nun immer die oberste Karte seines Stapels mit dem Symbol, welches er angekreuzt hat.

Gerade bei Partnertests schleicht sich oft zu viel Verbissenheit ein. Am besten fallen die Ergebnisse aus, wenn eine lockere Atmosphäre herrscht: Es darf auch mal gelacht werden!

- Wie viele Symbole haben Sie durch das Hellsehen richtig erkannt? Wie viel Treffer haben Sie als Team erreicht? Schreiben Sie die Anzahl der Treffer in die letzte Zeile.
- Wiederholen Sie diesen Durchgang zehnmal, so dass Sie insgesamt auf 200 »Hellseherversuche« kommen.

So beurteilen Sie Ihr Ergebnis

Bei diesem Test beträgt die Trefferwahrscheinlichkeit 1:5, also 20 Prozent. Entnehmen Sie Ihre PSI-Teambegabung unserer Skala.

Auswertung von PSI-Test 14

(200 Treffer sind möglich.)

Besonders viel PSI	120 Treffer und mehr
Gutes PSI	110 bis 119 Treffer
Wenig PSI	100 bis 109 Treffer
Keine PSI-Effekte	99 Treffer und weniger

In der Praxis kommt es oft vor, dass nach jedem Test der Sender wechselt. Das ist verständlich, weil jeder seine Fähigkeiten kennen lernen möchte. Sie sollten aber nicht zu häufig wechseln. Dies kann dazu führen, dass sich gerade erst geweckte Sende- oder Empfangsfähigkeiten nicht richtig entwickeln können.

PSI-Test 15: Telepathie mit Kartensymbolen I

Bei diesem Test geht es wieder um die telepathischen Fähigkeiten. Allerdings besteht die Botschaft in diesem Test nicht nur aus zwei Möglichkeiten (wie bei den Tests 11 und 12), sondern aus fünf.

Das müssen Sie tun

- Auch für diesen Test benötigen Sie die 20 Symbolkarten.
- Wie in Test 11 brauchen Sie einen Testpartner. Auch in diesem Fall sollte es jemand sein, der den Test auf jeden Fall ernst genug nimmt, um ihn mit Ihnen durchzuführen.
- Vor Beginn des Tests müssen Sie sich wieder entscheiden, wer von Ihnen die Testperson und wer der Sender ist.
- Der Sender konzentriert sich vollkommen auf die Botschaft und »sendet« diese telepathisch an die Testperson.

- Die Testperson wiederum konzentriert sich darauf, eine Gedankenübertragung vom Sender zu empfangen.
- Wiederum dürfen sich Testperson und Sender nicht sehen.

Anleitung für den Sender

- Setzen Sie sich am besten Rücken an Rücken mit der Testperson.
- Mischen Sie die Symbolkarten.
- Erzählen Sie der Testperson, was Sie da machen, und sagen Sie laut Bescheid, wenn Sie damit fertig sind und die Karten auf einem Stapel liegen.
- Drehen Sie nun die oberste der 20 Karten um. Sie können das Symbol der Karte sehen, die Testperson nicht.
- Konzentrieren Sie sich auf das Symbol, bis Sie das Gefühl haben, dass Sie es als Botschaft geistig übermitteln können. Nicht vergessen: Sprechen Sie während des ganzen Vorgangs kein Wort, machen Sie keine auffälligen Gesten und keine Geräusche.
- Konzentrieren Sie sich jeweils so lange auf das jeweilige Symbol, bis die Testperson Ihnen zu verstehen gibt, dass sie Ihre Botschaft empfangen hat und um welches Symbol es sich handelt.
- Tragen Sie Ihre Botschaft und die Antwort der Testperson auf folgende Weise in die Tabelle ein:

1. Kreuzen Sie das Symbol an, das Sie gesehen und der Testperson telepathisch übermittelt haben.
2. Kreuzen Sie das Symbol an, das die Testperson Ihnen genannt hat.

- Unterbrechen Sie den Versuch, wenn einer von Ihnen erschöpft oder lustlos ist.
- Wiederholen Sie diesen Test fünfmal, so dass Sie insgesamt auf 100 übermittelte Botschaften kommen. Vergessen Sie nicht: 20 Versuche reichen nicht aus, um eine PSI-Begabung nachzuweisen.

Beginnen Sie diesen Test am besten nach einem ausführlichen Gespräch oder einer lockeren Unterhaltung. Wenn der Sender seinem Partner vor Beginn des Tests mitteilt, in welcher Stimmung er sich befindet, wird sich der Empfänger besser auf die Signale des anderen einstellen können.

So beurteilen Sie Ihr Ergebnis

Der Sender und die Testperson vergleichen nach dem Test, wie oft die übermittelte Botschaft mit der Antwort der Testperson übereinstimmt. Auch bei diesem PSI-Test beträgt die Trefferwahrscheinlichkeit, wie beim vorhergehenden Test, 20 Prozent.

Auswertung von PSI-Test 15

(100 Treffer sind möglich.)

Besonders viel PSI	60 Treffer und mehr
Gutes PSI	55 bis 59 Treffer
Wenig PSI	51 bis 54 Treffer
Keine PSI-Effekte	50 Treffer und weniger

Auch dieser Test kann auf die »reine« Fähigkeit der Telepathie erweitert werden. Unterscheiden Sie also bitte stets zwischen dem Telepathietest I (Sender und Testperson sind nahe beieinander) und Telepathietest II (Sender und Testperson sind relativ weit bis ganz weit voneinander entfernt ohne Möglichkeit zur direkten Kommunikation).

PSI-Test 16: Telepathie mit Kartensymbolen II

Überschlagen Sie vorher, wie viel Zeit dieser Test in Anspruch nehmen wird; es können deutlich mehr als drei Stunden sein. Vermeiden Sie es, sich während der Pausen über den bisherigen Verlauf des Tests zu unterhalten.

Der eben beschriebene Test wird, wie Test 12, zu einem Test der unbeschränkten Telepathie, wenn sich die Personen in zwei weit entfernten Zimmern aufhalten, zwischen denen sich noch ein weiteres Zimmer mit geschlossenen Türen befindet.

Entsprechend Test 12 spielt auch bei diesem Test die Uhrzeit eine wichtige Rolle. Wir erinnern uns: Die Teilnehmer können einander nicht sehen; daher ist ein fester Zeitplan unabdingbar. Also: Die beiden Uhren müssen genauestens übereinstimmen. Wiederum muss man sich über die Dauer des Tests einigen. Wenn, wie in Test 12, alle zwei Minuten eine neue Botschaft übermittelt wird, würde der Test bei 100 Botschaften 200 Minuten, also drei Stunden und 20 Minuten dauern. Pausen dürfen natürlich gemacht werden. Wiederum bieten sich Alarmgeräusche von einer Glocke oder dem Telefon als Hilfe an.

Auch dieser Test lässt sich in Bezug auf die Aufenthaltsorte der Teilnehmer beliebig ausdehnen auf verschiedene Gebäude, Ortschaften oder Länder. Viel Spaß beim Ausprobieren!

PSI-Test 17: Hellsehen mit einer Person als Zielobjekt

Auch an diesem Test nehmen zwei Personen teil: eine Testperson und ein Testpartner.

Das müssen Sie tun

- Sie benötigen für diesen Test insgesamt 100 Bilder oder Fotos von weiblichen und männlichen Personen. Dabei muss das Verhältnis Frau/Mann nicht ausgewogen sein. Diese Bilder können aus Zeitschriften ausgeschnitten werden oder Fotos von Freunden, Bekannten oder Verwandten sein. Wichtig ist, dass jedes Bild ungefähr Postkartenformat hat (oder etwas kleiner), auf dem Bild immer nur eine Person abgebildet ist und dass man das Geschlecht der Person sofort und eindeutig erkennen kann. Die Bilder dürfen nicht unscharf, zerknickt und halb abgerissen sein. Damit dies auch im Laufe dieses oder des nächsten Tests nicht passiert, sollten die Bilder auf Postkarten geklebt werden.

Dieser Test erfordert einige Vorbereitungen – es wäre schön, wenn Sie frühzeitig, aber doch ganz nebenbei mit dem Sammeln der benötigten Bilder beginnen.

Lassen Sie sich auch bei diesem Test genug Zeit, und »spüren« Sie, welche Person sich in dem jeweiligen Umschlag vor Ihnen befindet.

- Jedes Bild wird in einen Umschlag gesteckt. Verschließen Sie die Umschläge so, dass die Testperson auf keinen Fall das Bild erkennen kann.
- Sie haben nun 100 Umschläge mit verschiedenen Bildinhalten, die Umschläge sind äußerlich nicht voneinander zu unterscheiden. Alle Umschläge bekommt der Testpartner ausgehändigt.
- Der Testpartner zieht mit verschlossenen Augen 20 Umschläge. Auf diese schreibt er die Zahlen 1 bis 20, jeder Umschlag erhält eine Nummer. Diese 20 Umschläge legt er beiseite, so dass er jetzt zwei Stapel vor sich liegen hat, einen mit 20 Umschlägen und einen mit 80 Umschlägen.
- Testpartner und Testperson sitzen sich an einem großen Tisch gegenüber. Vor dem Testpartner liegen die beiden Stapel mit den Umschlägen.
- Der Testpartner schiebt nun jeweils einen Umschlag aus dem Stapel mit den 20 Umschlägen über den Tisch zu der Testperson hinüber. Die Reihenfolge der 20 nummerierten Umschläge spielt keine Rolle.

Wichtig ist hierbei eine Atmosphäre, die volle Konzentration ermöglicht. Auch Ablenkung durch den Partner sollte vermieden werden. Aus diesem Grund bietet es sich an, hier mit einem schon in anderen Tests erprobten Partner zu arbeiten.

- Die Testperson konzentriert sich jetzt ausschließlich auf den einen Umschlag, den sie von dem Testpartner erhalten hat. Lassen Sie sich dabei so viel Zeit, wie Sie brauchen. Versuchen Sie den Umschlag samt Inhalt geistig zu durchdringen und das Geschlecht der Person auf dem Bild in dem Umschlag zu erkennen. Vermeiden Sie während dieser Tätigkeit den Kontakt mit Ihrem Testpartner. Sie sitzen zwar an einem Tisch, sollten aber während der Übergabe der Umschläge nicht miteinander sprechen und in einem intensiven Blickkontakt stehen. Vergessen Sie für diese kurze Zeit Ihre persönliche Umwelt. »Spüren« Sie in sich hinein, ob es sich bei der Person auf dem nicht sichtbaren Bild um eine Frau oder einen Mann handelt.
- Sagen Sie als Testperson, welches Geschlecht Sie mit Ihrer hellseherischen Fähigkeit erkennen, und Ihr Mitspieler macht bei dem entsprechenden Geschlecht in der Tabelle ein Kreuz.
- Der Testpartner schreibt die Antworten der Testperson in eine Tabelle. Er kreuzt bei jeder Bildnummer das Geschlecht an, das die Testperson auf dem Bild in dem Umschlag, der gerade an der Reihe ist, vermutet. Achtung: Die Reihenfolge der Umschläge ist nicht fortlaufend. Der Testpartner macht die Kreuze in der Tabelle also nicht nacheinander von oben nach unten, sondern die Testperson antwortet z. B. zuerst bei Umschlag 16, dann Nummer 2 – es geht kreuz und quer.

PSI-Test 17: Hellsehen mit einer Person als Zielobjekt					
Ziehung	**Frau**	**Mann**	**Ziehung**	**Frau**	**Mann**
1. Umschlag			11. Umschlag		
2. Umschlag			12. Umschlag		
3. Umschlag			13. Umschlag		
4. Umschlag			14. Umschlag		
5. Umschlag			15. Umschlag		
6. Umschlag			16. Umschlag		
7. Umschlag			17. Umschlag		
8. Umschlag			18. Umschlag		
9. Umschlag			19. Umschlag		
10. Umschlag			20. Umschlag		
Treffer insgesamt					

- Der Durchgang ist beendet, wenn die Testperson 20 Umschläge gereicht bekommen hat und jedes Bild tief konzentriert hinsichtlich des Geschlechts hellgesehen hat.
- Testperson und Testpartner setzen sich zusammen und machen die Auswertung gemeinsam. Sie öffnen die Umschläge der Reihe nach, betrachten nach jedem Öffnen das Bild und vergleichen das Geschlecht mit der Antwort der Testperson. War die Antwort richtig, dann machen Sie einen Kreis um das Kreuz in der Tabelle. Merken Sie sich: Jede korrekte Antwort der Testperson wird bei der Auswertung eingekreist.
- Zählen Sie am Schluss die eingekreisten Kreuze zusammen. Wie viele Treffer haben Sie durch Ihr Hellsehen erreicht? Schreiben Sie die Anzahl der Treffer in die letzte Zeile.
- Wiederholen Sie diesen Durchgang fünfmal, so dass Sie insgesamt auf 100 Versuche kommen. Legen Sie die 20 benutzten Bilder in den Umschlägen nach der Auswertung mit der Tabelle jeweils zur Seite. Der Partner zieht vor jedem neuen Durchgang erneut 20 Umschläge aus den verbleiben-

Oft tritt der Effekt ein, dass die Trefferzahl mit den Durchgängen steigt – weil es der Testperson zusehends leichter fällt, sich in der jeweiligen Atmosphäre auf die Aufgabe zu konzentrieren.

den Umschlägen; zum Schluss liegen nur noch die letzten 20 Umschläge auf dem Tisch. Nach jedem Ziehen schreibt der Testpartner die Zahlen von 1 bis 20 auf die Umschläge.

So beurteilen Sie Ihr Ergebnis

Die Trefferwahrscheinlichkeit beträgt bei diesem Test 50 Prozent. Entnehmen Sie jetzt anhand der errechneten Trefferzahl Ihr persönliches PSI unserer Skala.

Auswertung von PSI-Test 17

(100 Treffer sind möglich.)

Besonders viel PSI	66 Treffer und mehr
Gutes PSI	61 bis 65 Treffer
Wenig PSI	58 bis 60 Treffer
Keine PSI-Effekte	57 Treffer und weniger

Alle Tests, bei denen Personen übersinnlich wahrgenommen werden sollen, erfordern erheblich mehr Kraft als solche, bei denen es nur um das Erkennen von Farben oder Formen geht. Hier handelt es sich also um eine Übung für Fortgeschrittene.

PSI-Test 18: Telepathie mit einer Person als Zielobjekt I

Bei diesem Test geht es wieder um die telepathischen Fähigkeiten. Allerdings sollen jetzt der Testperson telepathische Botschaften in Form von Bildern und Fotos gesendet werden. Wie beim letzten Test soll das Geschlecht der Person auf dem Bild erkannt werden. Doch die Testperson soll nicht hellsehen, sondern das Ergebnis als Botschaft von einem Sender übermittelt bekommen. Dieser Test ist eine Steigerung zu den Test 11 und 12 bzw. 15 und 16, da es sich hier um Personen und nicht um Kartenfarben und -symbole handelt. Die übersinnliche Wahrnehmung und Visualisierung von Personen gestalten sich nämlich in vielen Fällen weitaus schwieriger als das Erkennen von Farben und Formen.

Das müssen Sie tun

- Vor Beginn des Tests werden die Rollen vergeben: Einer ist die Testperson, der andere der Sender, der den Gedanken überträgt.

- Sie benötigen für diesen Test wieder die 100 Bilder oder Fotos von weiblichen und männlichen Personen. Dabei muss auch hier das Verhältnis Frau/Mann nicht ausgewogen sein.
- Die Bilder stecken wieder jeweils in einem Umschlag. Die Umschläge dürfen nichts über das Bild verraten.
- Sie haben nun 100 genau gleich aussehende Umschläge mit verschiedenen Bildinhalten, die dem Sender ausgehändigt werden.
- Testperson und Sender dürfen sich nicht sehen.
- Wenn die telepathische Botschaft bei der Testperson angekommen ist, sagt diese laut, was sie »sieht«.

Anleitung für den Sender

- Ziehen Sie aus dem 100 Umschlägen mit verschlossenen Augen 20 Umschläge. Schreiben Sie auf diese die Zahlen 1 bis 20.
- Öffnen Sie den Umschlag mit der Nummer 1. Schauen Sie sich das Bild an. Die Testperson kann den Umschlag nicht sehen.
- Sagen Sie der Testperson, wenn Sie das Geschlecht der Person auf dem Bild gesehen haben und nun mit der Telepathie beginnen.
- Konzentrieren Sie sich jeweils so lange auf die Person auf dem Bild, bis Ihr Testpartner Ihnen sagt, um welches Geschlecht es sich bei der Person seiner Meinung nach handelt.
- Tragen Sie Ihre Botschaft und die Antwort der Testperson in eine Tabelle ein. Kreuzen Sie auf dieser Tabelle sowohl das Geschlecht an, das Sie gesehen und telepathisch übermittelt haben, als auch dasjenige, das die Testperson Ihnen genannt hat.
- Unterbrechen Sie bei Unlust oder Müdigkeit den Versuch.
- Wiederholen Sie diesen Test fünfmal, so dass Sie insgesamt auf 100 übermittelte Botschaften kommen.

Auch Gedanken können ablenken. Ertappen Sie sich selbst in einer Stimmung der Unzufriedenheit mit den bisherigen Ergebnissen, sollten Sie lieber zu einem späteren Zeitpunkt weitermachen.

So beurteilen Sie Ihr Ergebnis

Auch bei diesem PSI-Test beträgt die Trefferwahrscheinlichkeit 50 Prozent. Wie viele Treffer hat die Testperson erzielt? Zählen Sie die richtigen Antworten zusammen, und entnehmen Sie die Bewertung Ihrer telepathischen Fähigkeit unserer Skala.

Auswertung von PSI-Test 18

(100 Treffer sind möglich.)

Besonders viel PSI	66 Treffer und mehr
Gutes PSI	61 bis 65 Treffer
Wenig PSI	58 bis 60 Treffer
Keine PSI-Effekte	57 Treffer und weniger

Will man jedoch die »reine« Fähigkeit der Telepathie überprüfen, so muss auch dieser Test erweitert werden. Wenn sich nämlich die Testperson und der Sender während des Tests in einem Raum befinden, sind sie relativ nah zusammen, und dann kann es passieren, dass unbewusst doch etwas angedeutet oder verraten wird. Es kann natürlich sein, dass sich nicht immer die Gelegenheit bietet, den Test von verschiedenen Orten aus durchzuführen. Für den richtigen PSI-Beweis ist es jedoch wichtig, den Test auch einmal so durchzuführen, dass sich Sender und Testperson an entfernten Plätzen aufhalten. Wie der Test dann abläuft, erfahren Sie im PSI-Test 21.

Je häufiger Telepathietests mit demselben Partner vorgenommen werden, desto größer ist die Gefahr, dass beim Aufenthalt im selben Raum unbewusst etwas angedeutet oder verraten wird.

PSI-Test 19: Telepathie mit einer Person als Zielobjekt II

Eine Erweiterung eines Telepathietests hat bereits dann stattgefunden, wenn sich die beteiligten Personen, wie in den Tests 14 und 16, in zwei getrennten Zimmern mit geschlossenen Türen aufhalten, zwischen denen sich noch ein weiteres Zimmer mit geschlossenen Türen befindet. Damit kann verhindert werden, dass die Botschaft auf irgendeine Weise über Mimik, Gestik oder andere Sinneswahrnehmungen gedeutet wird.

Wie bei den genannten Tests gilt: Wenn kein direkter Kontakt zwischen den Testpersonen mehr vorhanden ist, wird die Uhrzeit wichtig. Also müssen die Uhren genauestens übereinstimmen, und ein minuziöser Zeitplan muss eingehalten werden.

Auch dieser Test lässt sich in Bezug auf die Aufenthaltsorte der Teilnehmer beliebig ausdehnen.

Außersinnliche Wahrnehmungen im Traum

Ach, wie oft seh ich große Kunst und gut Ding im Schlaf, desgleichen mir wachend nit fürkommt.
Albrecht Dürer

Unsere Seele geht auf Reisen, während wir schlafen – das ist wissenschaftlich bewiesen. Doch wohin sie wandert, ob sie sich ins Reich der Phantasie begibt, Abstecher in die Vergangenheit oder Ausflüge in die Zukunft macht und dabei einen sogenannten sechsten Sinn entwickelt – darüber streiten die Gelehrten. So gibt es unzählige Traumdeutungen, die jede bruchstückhafte Erinnerung, die wir aus den Träumen mitnehmen, analysieren. Im 20. Jahrhundert waren es vor allem Sigmund Freud und C. G. Jung, die versucht haben, Träume als Botschaften der Seele zu entschlüsseln. In einigen Kulturen existiert sogar der Glaube, dass Träume durch die Geister von Toten oder direkt durch Telepathie entstehen. Unabhängig von verschiedenen Glaubensrichtungen können jedoch grundsätzlich aus den Träumen wertvolle Schlüsse gezogen werden.

Auch das Traumgedächtnis muss trainiert werden. Bleiben Sie regelmäßig dabei, Sie werden in kurzer Zeit Ihr Erinnerungsvermögen steigern. Auch wenn Sie das Gefühl haben, dass Ihnen nur konfuse Fetzen durch den Kopf fliegen: Halten Sie jeden fest, und notieren Sie alles, was Ihnen einfällt. Sie können sich auch Stichwörter aufschreiben oder Ihre Erinnerungen auf Band sprechen.

So werden Hellsehen und Telepathie mit Träumen in Verbindung gebracht. Bestehen hellseherische und telepathische Fähigkeiten im Traum, sind sie hier vielleicht noch besser und intensiver wahrnehmbar als im Wachzustand? So gibt es zahlreiche Menschen, die nachts im Schlaf eine höhere PSI-Begabung entwickeln als tagsüber. Wir wollen die PSI-Wahrnehmung im Traum mit Hilfe von zwei Tests untersuchen. Diese Tests sind für jede Person geeignet, auch für diejenigen, die meinen, nicht zu träumen. Das ist nämlich ein Irrtum, denn jeder Mensch träumt – auch das ist wissenschaftlich bewiesen. Diejenigen, die behaupten, nicht zu träumen, können sich nur nicht an ihre Träume erinnern. Doch die Fähigkeit der Traumerinnerung kann trainiert und damit verbessert werden. Wir zeigen Ihnen, wie.

Das Traumtraining

Das wesentliche Instrument Ihres Traumtrainings ist ein Traumtagebuch. Es reicht nicht, wenn Sie sich täglich vornehmen, die Träume der vergangenen

Für Tests zur außersinnlichen Wahrnehmung im Traum benötigen Sie die Hilfe einer zweiten Testperson.

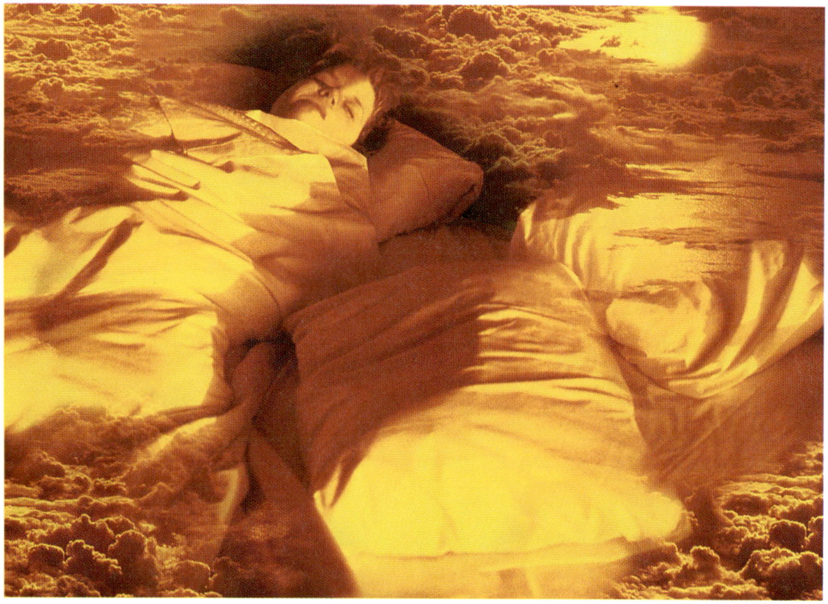

Nacht nicht zu vergessen. Denn es ist leider unvermeidbar, dass Traummaterial verloren geht. Allerdings können erwiesenermaßen mehr Traumbilder gerettet werden, wenn man sie sich jeden Morgen notiert.

Es wird sich nie vermeiden lassen, dass einige Traumbilder verloren gehen. Aber durch stetiges Üben lässt sich die Traumerinnerung deutlich verbessern.

- Stellen Sie sich den Wecker morgens zehn Minuten früher, damit Sie etwas Zeit zum Aufschreiben Ihrer Träume haben.
- Wenn Sie spüren, dass der Schlaf Sie verlässt, sollten Sie sofort wach werden. Sie verhindern somit, dass Ihnen in einer längeren Aufwachphase Traumbilder verloren gehen.
- Versuchen Sie sich direkt nach dem Aufwachen an Ihre Träume zu erinnern. Seien Sie nicht enttäuscht, wenn Ihnen die ersten Male wenig oder nichts einfällt.
- Schreiben Sie jedes Traumbild, an das Sie sich erinnern, in Ihr persönliches Traumtagebuch.
- Stichwörter oder ein Kassettenband sind vor allem dann hilfreich, wenn Sie nachts aufwachen oder in den frühen Morgenstunden, wenn Sie noch nicht aufstehen müssen. Sie können einige Wörter notieren oder ein paar Sätze sprechen und dann weiterschlafen. Diese im Halbschlaf gesprochenen

Wörter werden Ihnen beim Aufstehen helfen, sich intensiver an die Träume zu erinnern.

- Manchmal kommt es auch vor, dass Sie sich im Laufe des Tages plötzlich an einige Traumdetails erinnern, Bilder auf einmal vor Ihrem geistigen Auge auftauchen. Schreiben Sie diese ebenfalls in Ihr Traumtagebuch.

PSI-Test 20: Hellsehen im Traum

Ein einfaches, aber viel versprechendes PSI-Traumexperiment ist das Hellsehen im Traum. Für diesen Test werden zwei Personen benötigt, die Testperson und ein Testpartner, der den Test vorbereitet.

Das müssen Sie tun

- Sie benötigen zehn Bilder, die von dem Testpartner ausgesucht werden. Die Testperson hat grundsätzlich keinen Einfluss auf die Auswahl und den Inhalt der Bilder.
- Die Testperson darf diese Bilder auf keinen Fall zu Gesicht bekommen. Zur Auswahl der Bilder lesen Sie bitte aufmerksam die »Anleitung für den Testpartner« auf der nächsten Seite.
- Von den zehn Umschlägen, in denen sich jeweils ein Bild befindet, wählt der Testpartner einen Umschlag aus. Die zehn gleich aussehenden Umschläge sollten vorher gut durchgemischt werden.
- Der Umschlag wird an die Testperson übergeben. Dabei sollte jeder weitere Kontakt vermieden werden, denn zu groß ist die Gefahr, dass unbewusst Informationen über Bildinhalte ausgetauscht werden.
- Dirckt vor dem Schlafengehen legt die Testperson den Umschlag entweder neben das Bett auf den Nachttisch oder unter ihr Kopfkissen. Beim Einschlafen ist es wichtig, dass die Testperson möglichst ausschließlich an den Umschlag denkt und sich darauf konzentriert, von dem Bild in dem Umschlag zu träumen.
- Versuchen Sie sich als Testperson am nächsten Morgen ganz genau an Ihre Träume zu erinnern. Schreiben Sie Ihre Träume sofort auf. Öffnen Sie den Umschlag jedoch nicht allein, sondern warten Sie damit auf den Testpartner.

Nach der Übergabe verabschiedet sich der Testpartner sofort wieder – allerdings nicht ohne eine Verabredung für den nächsten Tag zu treffen. Denn die Auswertung des Traums sollten Testperson und Testpartner zusammen übernehmen.

Anleitung für den Testpartner

Natürlich ist der Wunsch verständlich, möglichst schnell auch mit diesem Test beginnen zu können. Trotzdem sollte vermieden werden, hier mit hastig zusammengesuchten Motiven zu arbeiten. Die Ergebnisse werden dadurch verfälscht.

- Als Testpartner wählen Sie die zehn Bilder aus. Das können Fotos, Poster oder Zeitschriftenseiten sein.
- Achten Sie unbedingt darauf, dass die Bilder einen verständlichen Inhalt und eine klare Aussage haben. Dabei dürfen sie aber nicht zu einfach oder monoton sein, sondern sollten einige Details enthalten. Beispiel: Das Bild ist zu einfach und damit ungeeignet, wenn darauf nur eine Sonne zu sehen ist. Besser wäre es, wenn neben der Sonne beispielsweise auch noch Strand, Meer, ein Schiff und eine Palme zu sehen sind.
- Verzichten Sie auf surrealistische Bilder, auf Bilder, die zu viele Details auf einmal zeigen, und auf Bilder, die furchtbare Szenen darstellen.
- Suchen Sie Bilder aus, die Ihnen selbst gefallen.
- Versuchen Sie verschiedene Themen abzudecken, wie z. B. Sport, Natur, Sciencefiction, Urlaub oder Hobby.
- Kleben Sie jedes Bild auf festen Karton, und schneiden Sie den Karton auf Bildgröße zurecht.
- Stecken Sie jedes Bild in einen großen wattierten Umschlag, dabei darf das Bild nicht geknickt werden. Jeder Umschlag muss gleich aussehen, das heißt: gleiche Größe, gleiche Farbe, selbes Fabrikat.

Die Bildinhalte der »Traumbilder« sollten eindeutig, aber nicht zu kleinteilig sein. Dieses Urlaubsfoto ist ein gutes Beispiel.

So beurteilen Sie Ihr Ergebnis

- Setzen Sie sich mit Ihrem Testpartner in aller Ruhe hin, und besprechen Sie zusammen Ihre nächtlichen Träume, ihre Inhalte und Stimmungen. Versuchen Sie sich davon ein Bild oder bei verschiedenen Traumerinnerungen mehrere Bilder zu machen. Öffnen Sie erst dann den Umschlag, wenn Sie sich gemeinsam darüber im Klaren sind, was Sie als Testperson in der Nacht geträumt haben.
- Der Umschlag wird geöffnet und das Bild mit dem verglichen, was Sie im Traum gesehen haben. In welchen Details gibt es Übereinstimmungen, wo Abweichungen?
- Je mehr Übereinstimmungen von Ihnen und Ihrem Testpartner bei der Auswertung erkannt werden, desto höher liegt Ihre PSI-Fähigkeit, im Traum hellsehen zu können.
- Testperson und Sender sollten hier allerdings sehr feinfühlig vorgehen. So wird die Testperson aller Wahrscheinlichkeit nach nicht das exakte Abbild von dem Bild im Umschlag träumen. Nehmen wir noch einmal das Strandbild als Beispiel. Wenn die Testperson tatsächlich von Sonne, Strand, Meer, einem Schiff und einer Palme träumt, dann hat sie die absolute PSI-Begabung, im Traum hellzusehen. PSI liegt aber auch dann schon vor, wenn nur von einigen Details aus dem Bild geträumt wird. Kam im Traum vielleicht ein Schiff vor, oder saßen Sie unter einer Palme?
- Außerdem sollte unbedingt auch die Stimmung des Bildes berücksichtigt werden. Lassen Sie das Bild auf sich wirken. Welche Stimmung kommt bei der Betrachtung in Ihnen hoch? Ist es eher ein schönes, ein warmes, ein kaltes, ein gemütliches, ein komisches, ein aufregendes oder ein nachdenkliches Gefühl?
- Schreiben Sie genau auf, wo es zwischen den Träumen und dem Inhalt des Bildes Übereinstimmungen gegeben hat. Wie viele Treffer konnten Sie erzielen?
- Um das Ergebnis dieses PSI-Traumexperiments grundlegend zu bestätigen, sollten Sie den Test in fünf aufeinander folgenden Nächten wiederholen. Lässt sich das Ergebnis steigern, dann ist Ihre PSI-Begabung in dieser Hinsicht noch verbesserungsfähig.

Wichtig zum Vergleich ist die genaue Beschreibung der Testperson: Welche Stimmung hat sie im Traum empfunden? Vergleichen Sie die Stimmung des Bildes mit der Stimmung der Testperson im Traum.

PSI-Test 21: Traumtelepathie

Bei diesem Test geht es nicht um die hellseherische Fähigkeit während des Schlafens, sondern um die Fähigkeit, im Traum telepathische Botschaften zu empfangen. An diesem Test nehmen wiederum eine Testperson und ein Sender teil.

Das müssen Sie tun

- Vor Beginn des Tests wird entschieden, wer die Testperson und wer der Sender ist.
- Sie benötigen wieder zehn Bilder, die vom Sender zusammengestellt werden. Die Testperson hat auch hier grundsätzlich keinen Einfluss auf die Auswahl und den Inhalt der Bilder.
- Der Sender allein schaut sich das von ihm ausgewählte Bild an und konzentriert sich darauf, den Inhalt an die Testperson zu »senden«.
- Die Testperson geht zu gewohnter Zeit schlafen. Mitten in der Nacht, zu einer Zeit, in der die Testperson sicher schläft, übermittelt der Sender seine telepathische Botschaft. Der Sender muss also zu dieser nachtschlafenden Zeit wach sein und sich auf die telepathische Übertragung der Botschaft konzentrieren.

Jeder Umschlag muss genau gleich aussehen. Das ist wichtig, damit Sie bei der Auswahl des Bildes nicht beeinflusst werden.

- Der Sender wählt einen der zehn gleich aussehenden Umschläge aus. Die Umschläge sollten vorher gut durchgemischt werden.
- Die Testperson konzentriert sich vor dem Schlafengehen darauf, eine Gedankenübertragung vom Sender zu empfangen.
- Versuchen Sie sich als Testperson am nächsten Morgen ganz genau an Ihre Träume zu erinnern. Schreiben Sie sie sofort in jedem Detail auf.
- Am selben Tag findet ein Treffen zwischen der Testperson und dem Sender statt.

Anleitung für den Sender

- Der Sender wählt die zehn Bilder aus. Diese können auch bei diesem Test aus allen möglichen Quellen stammen.
- Achten Sie aber darauf, dass die Bilder einen verständlichen Inhalt und eine klare Aussage haben, aber nicht zu einfach oder monoton sind.

- Verzichten Sie wiederum auf Surrealistisches, zu viele Details auf einmal und schreckliche Bildinhalte wie Krieg und Gewalt.
- Suchen Sie Bilder aus, die Ihnen gefallen, und versuchen Sie verschiedene Themen abzudecken.
- Kleben Sie jedes Bild auf festen Karton, und schneiden Sie diesen auf Bildgröße zurecht.
- Stecken Sie jedes Bild in einen großen wattierten Umschlag.

So beurteilen Sie Ihr Ergebnis

- Bei diesem Test analysiert die Testperson den Inhalt ihrer Träume allein. Schließlich kennt der Sender das Bild, er hat es ja übermittelt. Wenn die Testperson das Gefühl hat, sie hat die Träume so genau wie möglich wiedergegeben und kein Detail außer Acht gelassen, dann kann das Treffen mit dem Sender stattfinden. Zusammen besprechen sie den Inhalt der Träume von der Testperson und schauen sich das von dem Sender ausgesuchte und in der Nacht zuvor übermittelte Bild an. Gibt es Übereinstimmungen?
- Aber Vorsicht: Es ist sehr unwahrscheinlich, dass die Testperson genau vom Inhalt eines Bildes träumt. Bei der Traumdeutung spielen viele Faktoren eine Rolle, selten gibt es ein komplexes Bild, meistens werden Bruchstücke wahrgenommen, Bildfetzen erinnert. Testperson und Sender sollten also darauf achten, ob eines der Details im Bild auch in den Träumen der Testperson vorgekommen ist.
- Wichtig ist auch hier die Atmosphäre des Bildes. Besprechen Sie dieses Thema gemeinsam. Wie wurde die Stimmung von der Testperson im Traum empfunden?
- Je mehr Übereinstimmungen von Ihnen und Ihrem Testpartner erkannt werden, desto höher liegt Ihre Fähigkeit, im Traum hellsehen zu können. Notieren Sie genau, wo es zwischen den Träumen und dem Bild Übereinstimmungen gegeben hat.
- Um das Ergebnis grundlegend zu bestätigen, sollten Sie auch diesen Test mehrmals wiederholen. Das muss nicht in fünf aufeinander folgenden Nächten geschehen, aber es sollten drei Tests innerhalb einer Woche sein. Lässt sich das Ergebnis steigern, dann liegt auf jeden Fall eine PSI-Begabung hinsichtlich der telepathischen Fähigkeit im Traum vor.

Würde der Sender die Träume der Testperson mit besprechen, könnte es sein, dass er eine Deutung einbringt, die auf seiner Kenntnis des Bildinhalts beruht. Also muss die Testperson ohne Hilfe die Traumbilder zusammenbringen. Dabei sollte jede noch so geringe Kleinigkeit festgehalten werden, denn sie könnte letztendlich doch noch von Bedeutung sein.

Tests zu PSI und Psychologie

Es ist völlig normal, dass sich das Auftreten von PSI-Effekten auch nach der persönlichen Verfassung richtet. Gerade deshalb sollte man für sich selbst herausfinden, in welcher Stimmungslage sich die Effekte besonders stark oder gar nicht einstellen.

Wir haben es am Anfang des Buches bereits angedeutet: Es gibt verschiedene psychologische Faktoren, die das Testergebnis und damit die PSI-Effekte beeinflussen können. Wir prüfen in diesem Kapitel drei verschiedene psychologische Aspekte und deren Wirkung auf Ihre PSI-Begabung. Die drei psychologischen Faktoren sind:

1. Wie wirkt sich die jeweilige Stimmung der Testperson auf ihre PSI-Fähigkeit aus? Habe ich bei guter Laune mehr oder weniger PSI?
2. Schwankt mein persönliches PSI mit der Tageszeit? Habe ich vielleicht morgens mehr oder weniger PSI als abends?
3. Welchen Einfluss hat die Entspannung auf mein persönliches PSI? Habe ich mehr oder weniger PSI, wenn ich vor dem PSI-Test und der Anwendung von PSI Entspannungsübungen mache?

In diesem Kapitel wiederholen wir einige Tests aus dem siebten Kapitel, und zwar diejenigen, die mit den Karten arbeiten, die diesem Buch beiliegen. Diese Tests sind einfach durchzuführen, und das Ergebnis liegt auf der Hand. Der mögliche Einfluss von Stimmungsschwankungen, Tageszeiten oder Entspannungsmethoden kann mit diesen Tests leicht beobachtet werden.

PSI-Test 22: Habe ich mit guter Laune mehr PSI?

Dieser Test funktioniert ähnlich wie PSI-Test 13, er ist jedoch darauf ausgelegt, den Einfluss der Stimmung der Testperson zu prüfen.

Das müssen Sie tun

- Dieser Test muss zehnmal wiederholt werden, allerdings sollte Ihre Stimmung nicht bei jedem Test gleich sein. Bereiten Sie den Test also so weit vor, dass Sie an einem Tag, an dem Sie gute oder auch schlechte Laune haben, schnell zu den Symbolkarten und der Auswertungstabelle greifen und den Test machen können.

- Damit sich der gesamte Test nicht über Wochen und Monate hinzieht, sollten Sie feinfühlig auf Ihre Stimmungen achten und in der einen oder anderen Laune Ihr PSI testen. Versuchen Sie es bitte so einzurichten, dass gute und schlechte Stimmung bei den zehn Tests gleich häufig vorkommen.
- Notieren zu Beginn jedes Tests Ihre Stimmung. Kreuzen Sie die entsprechende Verfassung in der Auswertungstabelle an.
- Sie benötigen für diesen Test wieder die 20 Symbolkarten. Der Vorgang ist derselbe wie stets: Mischen Sie die Karten, und legen Sie sie dann alle auf einen Stapel – mit der Rückseite nach oben.
- Konzentrieren Sie sich jetzt auf den Stapel, und versuchen Sie bei jeder Karte, die Sie verdeckt abheben, das Symbol zu »sehen«. Wenn Sie glauben, ein Symbol mit Ihrer hellseherischen Fähigkeit erkannt zu haben, tragen Sie dieses in die Tabelle ein. Natürlich bleiben die Karten während der Dauer des Tests umgedreht.
- Auch bei diesem Versuch wäre es gut, wenn ein Mitspieler da ist, der für Sie die Ergebnisse einträgt. Das Wichtigste ist jedoch, dass Sie den Einfluss Ihrer Stimmung testen. Wenn Sie also gerade so richtig schlechte Laune haben und nun einen PSI-Test durchführen wollen, dann brauchen Sie Ihren Partner nicht zu verständigen. Nutzen Sie stattdessen lieber den Augenblick Ihrer Stimmung aus. Versuchen Sie allerdings trotzdem, Ihre Konzentration beizubehalten.
- Noch einmal zum Einprägen: Dies sind die Kartensymbole und ihre jeweilige Bedeutung:

✖ Kreuz
▲ Dreieck
● Kreis
◆ Raute
■ Quadrat

- Kreuzen Sie die Symbole, die Sie mit Ihrer hellseherischen Fähigkeit erkannt zu haben glauben, in dieser Tabelle an. Notieren Sie aber erst Ihre Stimmung.

Versuchen Sie einmal, sich zu einem PSI-Test zu zwingen, wenn Ihnen eigentlich gar nicht danach ist. Es können sich trotzdem PSI-Effekte im Ergebnis zeigen – die gerade wegen der innerlichen Weigerung besonders hoch zu bewerten sind.

PSI-Test 22: Habe ich mit guter Laune mehr PSI?

Ich habe heute:
gute Laune ___ schlechte Laune ___

Ziehung	✖	▲	●	◆	■
1. Karte					
2. Karte					
3. Karte					
4. Karte					
5. Karte					
6. Karte					
7. Karte					
8. Karte					
9. Karte					
10. Karte					
11. Karte					
12. Karte					
13. Karte					
14. Karte					
15. Karte					
16. Karte					
17. Karte					
18. Karte					
19. Karte					
20. Karte					
Treffer insgesamt:					

Viele werden bei diesem Test eine überraschende Feststellung machen: Es ist nicht immer ganz leicht, die eigene Stimmung einzuschätzen.

- Am Ende des Durchgangs drehen Sie den Stapel mit den Karten um, so dass sie jetzt mit dem Symbol sichtbar nach oben liegen. Lassen Sie die Karten aber auf dem Stapel liegen.

- Vergleichen Sie nun die Karten nacheinander mit den von Ihnen erzielten Ergebnissen. Nehmen Sie stets die obere Karte, vergleichen Sie das Symbol mit dem Symbol, welches Sie angekreuzt haben, und legen Sie die Karte dann beiseite.
- Wie oft waren Sie erfolgreich? Schreiben Sie die Anzahl der Treffer in die letzte Zeile.
- Wiederholen Sie diesen Test zehnmal, damit Sie erfahren, wie Ihre Stimmung Ihre Trefferquote beeinträchtigt. Achten Sie unbedingt darauf, dass Sie fünfmal den Test in einer guten Stimmung durchführen und fünfmal mit schlechter Laune.
- Mischen Sie die Karten vor jedem neuen Test gut durch.

Manchmal ist es eine Hilfe, die eigene Stimmungslage anders als nur mit »guter Laune« oder »schlechter Laune« zu beschreiben. »Gute Laune« könnte folgendermaßen beschrieben werden: »Ich bin mit mir zufrieden.«

So beurteilen Sie Ihr Ergebnis

- Tragen Sie das Ergebnis von jedem Test und die während des Tests empfundene Stimmung in das folgende Auswertungsschema ein.

PSI-Test 22: Habe ich mit guter Laune mehr PSI?

Test	Gute Laune	Schlechte Laune	Treffer
Nr. 1 am:			
Nr. 2 am:			
Nr. 3 am:			
Nr. 4 am:			
Nr. 5 am:			
Nr. 6 am:			
Nr. 7 am:			
Nr. 8 am:			
Nr. 9 am:			
Nr. 10 am:			
Treffer insgesamt bei guter Laune:			
Treffer insgesamt bei schlechter Laune:			
Bei welcher Laune wurden mehr Treffer erzielt? Ergebnis:			

- Sie haben jetzt 100 Versuche mit guter Laune unternommen und 100 Tests mit schlechter Laune. Zunächst verrät Ihnen bereits der direkte Vergleich, in welcher Stimmung Sie mehr Treffer erzielt haben. Wann war Ihre persönliche PSI-Fähigkeit höher: bei guter oder bei schlechter Stimmung?
- Vergleichen Sie dann die Ergebnisse von diesem Test mit Ihrem Ergebnis von PSI-Test 13, bei dem Sie Ihre Stimmung nicht berücksichtigt haben. Sie haben damit drei Ergebnisse zum Vergleich:

1. 100 Versuche bei guter Laune
2. 100 Versuche bei schlechter Laune
3. 100 Versuche ohne Berücksichtigung der Stimmung (Test 13)

- Vergleichen Sie diese Ergebnisse mit der Bewertung in der Skala. In welcher Stimmung war Ihr PSI am höchsten?

Gerade im Vergleich zu bisherigen Übungen, bei denen Sie nicht auf Ihre Stimmung geachtet haben, ist die Auswertung dieses Tests besonders interessant.

Auswertung von PSI-Test 22

(Die Berechnung bezieht sich immer auf 100 Treffer.)

Besonders viel PSI	60 Treffer und mehr
Gutes PSI	55 bis 59 Treffer
Wenig PSI	50 bis 54 Treffer
Keine PSI-Effekte	49 Treffer und weniger

Übt die Stimmung bei Ihnen Einfluss auf die PSI-Fähigkeiten aus? Testen Sie es.

PSI-Test 23: Hängt mein PSI von der Tageszeit ab?

PSI-Forscher vermuten einen starken Zusammenhang zwischen der Tageszeit und den PSI-Fähigkeiten. Steigern auch Sie Ihr PSI im Laufe des Tages, bis es dann am Abend richtig stark ist? Oder gehören Sie eher zu denjenigen, die nur in den Morgenstunden außersinnliche Wahrnehmungen spüren, in den Abendstunden jedoch weniger oder überhaupt nicht mehr? Probieren Sie es aus, indem Sie den Test mit den Kartensymbolen ein weiteres Mal zu neuen Bedingungen durchführen.

Die Konzentration und die Motivation können mit einem Testpartner gesteigert werden, wenn Sie durch das Hin- und Herspringen zwischen »Erspüren« und »Protokollführen« nicht abgelenkt werden. Wenn Sie keinen Mitspieler haben, können Sie den Test natürlich trotzdem machen. Versuchen Sie aber stets, Ihre Konzentration beizubehalten.

Das müssen Sie tun

- Dieser Test muss zehnmal wiederholt werden, fünfmal in den Morgenstunden und fünfmal abends.
- Führen Sie die Testreihe in relativ kurzer Zeit durch, lassen Sie sich maximal zwei Wochen Zeit.
- Kreuzen Sie zu Beginn jedes Tests die entsprechende Tageszeit an, zu der Sie den Test machen.
- Wiederum benötigen Sie die 20 Symbolkarten, die diesem Buch beiliegen. Gehen Sie beim Erraten der Symbole genauso vor wie beim letzten Test.
- Auch bei diesem Test wäre es für Sie von Vorteil, wenn ein Mitspieler da ist, der für Sie die Ergebnisse einträgt. Sagen Sie in dem Fall laut, welches Symbol Sie mit Ihrer hellseherischen Fähigkeit erkennen, und Ihr Mitspieler macht bei den entsprechenden Symbolen in der Tabelle ein Kreuz.
- Kreuzen Sie die Symbole, die Sie erkannt zu haben glauben, in einer Tabelle an – wie in Test 22. Notieren Sie aber erst die Tageszeit, zu der Sie diesen Test gemacht haben.
- Am Ende des Durchgangs drehen Sie wieder den Stapel mit den Karten um, so dass sie jetzt mit dem Symbol sichtbar nach oben liegen. Lassen Sie die Karten aber auf dem Stapel liegen.
- Vergleichen Sie nun die Karten der Reihe nach mit Ihren Ergebnissen.
- Wie viele Treffer haben Sie erreicht? Schreiben Sie die Anzahl der Treffer in die letzte Zeile.

- Machen Sie auch diesen Test zehnmal, damit Sie erfahren, welchen Einfluss die Tageszeit auf Ihr PSI-Ergebnis nimmt. Achten Sie unbedingt darauf, dass Sie den Test fünfmal morgens und fünfmal abends machen.
- Vergessen Sie nicht, vor jedem neuen Test die Karten zu mischen.
- Tragen Sie das Ergebnis jedes Tests und die zugehörige Tageszeit in ein Auswertungsschema ein – orientieren Sie sich dabei an der entsprechenden Tabelle in Test 22.

So beurteilen Sie Ihr Ergebnis

Das Auftreten von PSI-Effekten kann sich bei jedem auf ganz unterschiedliche Tageszeiten konzentrieren. Der eine ist dafür morgens empfänglicher, wenn er sich ausgeruht fühlt, beim anderen treten die inneren Kräfte erst in den Abendstunden verstärkt auf.

- Sie haben jetzt 100 »Hellseherversuche« in den Morgenstunden unternommen und 100 Versuche am Abend. Der direkte Vergleich verrät Ihnen bereits, zu welcher Tageszeit Sie mehr Treffer erzielt haben.
- Vergleichen Sie dann die Ergebnisse mit Ihrem Ergebnis von PSI-Test 13, bei dem eine bestimmte Tageszeit nicht berücksichtigt wurde. Sie haben damit, wie beim vorigen Test, drei Ergebnisse zur Verfügung.
- Vergleichen Sie diese Ergebnisse nun mit der PSI-Bewertung in der Skala. Zu welcher Zeit war Ihr PSI am höchsten?

Auswertung von PSI-Test 23

(Die Berechnung bezieht sich immer auf 100 Treffer.)

Besonders viel PSI	60 Treffer und mehr
Gutes PSI	55 bis 59 Treffer
Wenig PSI	50 bis 54 Treffer
Keine PSI-Effekte	49 Treffer und weniger

PSI-Test 24: Gibt es mehr PSI bei Entspannung?

Einen besonders starken Einfluss auf die PSI-Fähigkeit hat die Entspannung. Wir haben deshalb der Entspannung ein eigenes Kapitel in diesem Buch gewidmet und darin drei Entspannungstechniken vorgestellt. Wie die Entspannung auf Ihr PSI wirkt, können Sie mit diesem Test ausprobieren. Verwenden Sie auch für diesen Test noch einmal die bekannten Kartensymbole.

Das müssen Sie tun

- Dieser Test muss zehnmal wiederholt werden, fünfmal in einem entspannten Zustand und fünfmal in nicht entspanntem Zustand.
- Führen Sie die Testreihe an zehn aufeinander folgenden Tagen durch, pro Tag machen Sie einen Test. An welchem Tag Sie entspannt sind und an welchem Tag nicht, bleibt Ihnen überlassen, die Reihenfolge spielt keine Rolle.
- Kreuzen Sie vor jedem Test an, ob Sie vorher Entspannungsübungen angewandt haben.
- Sie benötigen auch für diesen Test wieder die 20 Symbolkarten. Befolgen Sie dabei dieselbe Vorgehensweise wie bei den vorigen beiden Tests. Kreuzen Sie die Symbole, die Sie erkannt haben, in einer Tabelle an. Notieren Sie aber erst, ob Sie beim Test entspannt waren oder nicht.
- Vergleichen Sie hinterher die Karten in dem Stapel mit Ihren Ergebnissen, und schreiben Sie die Anzahl der Treffer in die letzte Zeile.
- Tragen Sie das Ergebnis jedes Tests in ein Auswertungsschema ein. Wiederum haben Sie 100 Versuche in entspanntem und 100 Versuche in einem weniger entspannten Zustand unternommen; der direkte Vergleich verrät Ihnen, in welcher Verfassung Sie mehr Treffer erzielt haben.

Gehen Sie nach jedem Testdurchlauf auf die gewohnte Art und Weise vor: Drehen Sie den Kartenstapel um, so dass die Symbole sichtbar nach oben liegen, und lassen Sie die Karten vorerst liegen. Vergleichen Sie die Karten mit den von Ihnen hellseherisch erzielten Ergebnissen. Nehmen Sie nacheinander die oberste Karte, und legen Sie sie dann beiseite. Am Ende schreiben Sie die Anzahl der von Ihnen erzielten Treffer in die letzte Zeile.

So beurteilen Sie Ihr Ergebnis

- Wiederum können Sie dann die Testergebnisse mit Ihrem Resultat von PSI-Test 13 vergleichen. Sie haben damit 100 Versuche mit, 100 Versuche ohne vorherige Entspannungsübungen sowie 100 Versuche ohne Berücksichtigung von Entspannung (Test 13).
- Vergleichen Sie diese Ergebnisse mit der PSI-Bewertung in unserer Skala. In welcher Stimmung war Ihr PSI am höchsten?

Auswertung von PSI-Test 24

(Die Berechnung bezieht sich immer auf 100 Treffer.)

Besonders viel PSI	60 Treffer und mehr
Gutes PSI	55 bis 59 Treffer
Wenig PSI	50 bis 54 Treffer
Keine PSI-Effekte	49 Treffer und weniger

PSI-Tests und Weissagung

Neben der Psychokinese, dem Hellsehen und der Telepathie gehört auch Präkognition zu den wesentlichen Aspekten von PSI. Bei der Präkognition handelt es sich um die außersinnliche Wahrnehmung von zukünftigen Ereignissen. Es geht hier also um die Fähigkeit, in die Zukunft zu blicken.
So gibt es z. B. Menschen, die einer plötzlichen Eingebung zufolge nicht in das Auto, in den Bus oder in das Flugzeug einsteigen wollen und dadurch, wie sich später herausstellt, einem schlimmen Unfall entgehen. Zufall sagen die einen, Präkognition die anderen.

In diesem Kapitel wollen wir zwei Tests durchführen, die auf eine besondere PSI-Fähigkeit der Präkognition hinweisen. Können Sie zukünftige Ereignisse voraussehen? Machen Sie den Test!

Weitere Beispiele: Jemand träumt intensiv davon, reich zu sein, und erfährt am nächsten Tag, dass er in der Lotterie einen Hauptgewinn gezogen hat. Präkognition? Ein anderer wird von einem Tag auf den anderen von einer ständigen Unruhe erfasst, dass jemand in seine Wohnung einbrechen könnte. Um sich zu beruhigen, lässt er sich neue Schlösser in seine Wohnungstür einbauen und die Fenster mit Schlössern versehen. Zwei Wochen später kommt er von der Arbeit nach Hause und muss feststellen, dass tatsächlich Unbekannte versucht haben, bei ihm einzubrechen, aufgrund der neuen Schlösser glücklicherweise ohne Erfolg. Oder: Sie träumen von einer Freundin, die im Traum ständig ihr Kind dabei hat. Doch in Wirklichkeit hat diese Freundin gar kein Kind. Einige Tage später treffen Sie sich mit dieser Freundin, und sie erzählt Ihnen glückstrahlend, dass sie schwanger sei. Präkognition?
Diese Beispiele für Ereignisse, die so eintreten, wie man es geahnt oder geträumt hat, lassen sich beliebig fortsetzen. Jeder kann dazu mindestens eine Geschichte erzählen, die er selbst erlebt hat. Doch es gibt auch Menschen, die jenseits der Alltäglichkeit ein derart starkes Gespür haben, dass sie zukünftige Ereignisse voraussehen. Bei ihnen ist der Zufall grundsätzlich ausgeschlossen, sie haben so viel PSI, dass Präkognition bei ihnen zum Alltag gehört.

Auch die Fähigkeit, Dinge zu sehen, die erst in der Zukunft eintreten werden, hat viel mit tiefer Konzentration zu tun.

PSI-Test 25: Präkognition mit Karten

Das müssen Sie tun

- An diesem Test nehmen zwei Personen teil: die Testperson und wie üblich ein Testpartner.
- Sie benötigen für diesen Test zwei Kartenspiele mit je 52 Karten, ohne Joker. Die Kartenspiele sollten sich dadurch unterscheiden, dass sie unterschiedlich gefärbte Rückseiten haben.
- Die Testperson und der Testpartner erhalten jeweils ein Kartenspiel.
- Ziel dieses Tests ist es zu zeigen, ob die Testperson so viel PSI besitzt, dass sie die Kartenreihenfolge, die in naher Zukunft vom Testpartner gemischt wird, vorhersagen kann. Besitzen Sie diese Präkognition?
- Beim Vergleich der Kartenstapel können Sie nach verschiedenen Kriterien vorgehen. Sie müssen sich allerdings vor Beginn des Tests entscheiden, ob die Testperson die richtige Reihenfolge der Kartensymbole (Herz, Pik, Karo, Kreuz) oder die richtige Reihenfolge der Kartenfarbe (Schwarz, Rot) vorhersehen wird.

Skeptiker werten das Vorhersehen bestimmter Ereignisse als Zufall. Dabei übersehen sie aber gern, dass die Präkognition auf sich deckenden Zufällen beruht – ist das nicht ein bisschen sehr zufällig?

Sollen alle störenden Einflüsse anderer Kräfte sicher ausgeschlossen werden, genügt nicht nur der Aufenthalt in getrennten Räumen. Es sollte sich außerdem um zwei innerhalb der Wohnung möglichst weit voneinander entfernte Zimmer handeln.

- Während des gesamten Tests halten sich Testperson und Testpartner in verschiedenen und geschlossenen Räumen auf. Dabei muss jeder Kontakt zwischen ihnen vermieden werden, bis zum Schluss des Tests die Ergebnisse bewertet werden.
- Bevor sich die beiden Testteilnehmer in ihre jeweiligen Räume begeben, müssen sie noch den zeitlichen Ablauf dieses Tests vereinbaren.
- Nachdem beide Testteilnehmer in ihren Räumen sind, fängt die Testperson sofort an, ihren Kartenstapel (52 Karten) zu mischen. Das ist sozusagen der Zeitpunkt 0. Das Mischen der Karten sollte nach etwa fünf Minuten beendet sein. Nach 15 Minuten fängt der Testpartner an, seinen Kartenstapel zu mischen. Noch einmal eine genaue Anleitung zum Ablauf.
- Zeitpunkt 0: Die Testperson sitzt auf einem Stuhl in ihrem geschlossenen Raum. Mischen Sie die Karten aus dem Gefühl heraus, das heißt ohne besondere Konzentration oder Anstrengung. Horchen Sie in sich hinein, und mischen Sie die Karten so lange, bis Ihnen Ihr inneres Gefühl sagt, dass es reicht und Sie eine gute Kartenreihenfolge haben. Bleiben Sie in dem Raum sitzen, bis Ihr Testpartner zu Ihnen kommt.

Mischen Sie die Karten sorgfältig. Das Mischen ist ein wichtiger Bestandteil aller Kartentests.

- Zeitpunkt 15: Der Testpartner sitzt auf einem Stuhl in seinem Raum. Mischen Sie den Kartenstapel so, wie Sie ihn immer mischen würden. Verwenden Sie dabei keine große Konzentration. Schauen Sie die Karten während des Mischens nicht an. Wenn Sie mit dem Mischen fertig sind, dann nehmen Sie den Kartenstapel und gehen in den Raum zu der Testperson.
- Testperson und Testpartner sitzen an einem Tisch. Vor ihnen liegen die beiden Kartenstapel. Interessant ist nun die Frage, ob die Testperson ihre Karten so gemischt hat wie auch der Testpartner eine Viertelstunde später. Mit anderen Worten: Konnte die Testperson tatsächlich den Mischvorgang des Testpartners voraussehen und hat folglich ihre Karten identisch gemischt?
- Nehmen Sie von jedem Stapel jeweils eine Karte, und vergleichen Sie diese miteinander. Notieren Sie die Ergebnisse in einer Auswertungstabelle mit zwei Hälften – eine für den Kartenstapel der Testperson und die andere für den Kartenstapel des Testpartners. Kreuzen Sie unter »Kartenstapel der Testperson« an, ob es sich bei der ersten Karte um eine rote (Karo, Herz) oder eine schwarze (Kreuz, Pik) Karte handelt. Machen Sie das Gleiche bei dem Kartenstapel des Testpartners. Fahren Sie so fort, bis Sie beide Stapel mit den je 52 Karten in der Tabelle ausgewertet haben.

Beim Vergleich der Kartenstapel können Sie natürlich nach verschiedenen Kriterien vorgehen. Statt der Kartenfarbe kann auch die richtige Reihenfolge der Kartensymbole (Herz, Pik, Karo, Kreuz) von der Testperson erraten werden.

So beurteilen Sie Ihr Ergebnis

- Die Trefferwahrscheinlichkeit beträgt 50 Prozent. Wie viele Treffer haben Sie? Zählen Sie wieder Ihre Treffer zusammen, und entnehmen Sie Ihren PSI-Wert unserer Skala.

Auswertung von PSI-Test 25

(52 Treffer sind möglich.)

Besonders viel PSI	34 Treffer und mehr
Gutes PSI	31 bis 33 Treffer
Wenig PSI	28 bis 30 Treffer
Keine PSI-Effekte	27 Treffer und weniger

Wenn Sie bei diesem Test gut abschneiden oder sogar besonders viel PSI erreichen, dann besitzen Sie die Fähigkeit zur Präkognition. Wiederholen Sie zur Sicherheit diesen Test mehrmals (fünfmal reicht). Wenn auch die anderen Ergebnisse nicht erheblich von dem ersten Testergebnis abweichen, dann können Sie sicher sein: Sie haben die Begabung, Dinge vorauszusehen! Beobachten Sie sich daraufhin in der nächsten Zeit einmal genauer. Gehören Sie zu denjenigen, die häufiger Ereignisse vorausahnen, die dann auch so eintreffen?

PSI-Test 26: Präkognition ohne Karten

Dieser Test ist ähnlich wie der vorherige Test, allerdings mit einem wichtigen Unterschied: Die Testperson hat jetzt kein eigenes Kartenspiel, mit dem sie ihre präkognitive PSI-Fähigkeit unter Beweis stellt.

Das müssen Sie tun

- Auch an diesem Test nehmen eine Testperson und ein Testpartner teil.
- Benötigt wird ein neues Kartenspiel (damit Sie eventuelle Markierungen nicht ablenken) mit 52 Karten, ohne Joker.
- Der Testpartner erhält das Kartenspiel.
- Auch mit diesem Test soll geprüft werden, ob die Testperson so viel PSI besitzt, dass sie die Kartenreihenfolge, die vom Testpartner gemischt wird, vorhersagen kann. Testen Sie diese Präkognition!
- Testperson und Testpartner setzen sich in zwei verschiedene, geschlossene Räume. Während des gesamten Tests besteht kein direkter Kontakt zwischen ihnen. Bevor sich die beiden Testteilnehmer in ihre Räume begeben, müssen sie noch den zeitlichen Ablauf des Tests vereinbaren: Der Zeitpunkt, zu dem sich beide in ihren Raum setzen und der Test beginnen soll, ist der Zeitpunkt 0.
- Die Testperson entspannt sich. Zur optimalen Vorbereitung können hier Entspannungstechniken angewandt werden, die in diesem Buch vorgestellt wurden (siehe Seite 24ff.).
- Anschließend besinnen Sie sich als Testperson ganz auf sich selbst und horchen tief in sich hinein. Konzentrieren Sie sich in Ihren Gedanken auf

Brechen Sie diesen Test ab, und versuchen Sie es später noch einmal, wenn sich in Ihren Gedanken nicht das Bild eines Kartenspiels mit 52 Karten zeigen will.

ein Kartenspiel. Welche Farbenfolge innerhalb der 52 Karten kommt Ihnen in den Sinn? Versuchen Sie, Ihre Eingebungen festzuhalten, und schreiben Sie die Reihenfolge der Kartenfarben auf, die Ihr Testpartner ziehen wird. Von dem Zeitpunkt an, an dem Sie den Raum betreten und sich entspannt haben, bis zur schriftlich festgelegten Reihenfolge der Farben haben Sie eine halbe Stunde Zeit. Verlassen Sie nach diesen 30 Minuten Ihren Raum, nehmen Sie aber zu diesem Zeitpunkt noch keinen Kontakt zum Testpartner auf.

- Der Testpartner unternimmt in der ersten dreiviertel Stunde nach dem Zeitpunkt 0 nichts. Sie können ein wenig in Zeitschriften blättern, sich entspannen oder dösen. Passen Sie jedoch auf, dass Sie nach dieser Zeit in Aktion treten. Also: Nach 45 Minuten nehmen Sie den Kartenstapel vor sich in die Hände (52 Karten) und mischen diesen durch. Mischen Sie gründlich, aber nicht anders als sonst. Schauen Sie während des Mischens nicht auf die Karten, und strengen Sie sich nicht übermäßig dabei an. Der Mischvorgang sollte nicht länger als fünf bis zehn Minuten dauern. Verlassen Sie zum Zeitpunkt 60, also nach einer Stunde, mit dem Kartenstapel den Raum, und setzen Sie sich mit der Testperson zusammen.

Der Testpartner beginnt erst eine dreiviertel Stunde nach dem Start der Übung mit seinem Part. Bis zu diesem Zeitpunkt sollte er etwas tun, was ihn ablenkt: lesen, fernsehen oder spazieren gehen.

- Testperson und Testpartner sitzen zusammen an einem Tisch, vor ihnen liegt der vom Testpartner gemischte Kartenstapel. Interessant ist nun die Frage, ob die Testperson die Reihenfolge der Karten voraussehen konnte, obwohl der Testpartner die Karten erst eine halbe Stunde nach dem Rateversuch der Testperson gemischt hat. Mit anderen Worten: Konnte die Testperson den Mischvorgang des Testpartners voraussehen?
- Hat die Testperson die richtige Reihenfolge der Kartensymbole (Herz, Pik, Karo, Kreuz) vorhergesehen? Oder ging es dabei um die Kartenfarbe, das heißt, auf Schwarz folgen zwei rote Karten usw.?
- Nehmen Sie von dem Stapel jeweils eine Karte, und vergleichen Sie diese mit den Aufzeichnungen der Testperson. Erstellen Sie eine Tabelle nach demselben Schema wie in Test 25, und kreuzen Sie unter »Aufzeichnung der Testperson« an, ob sie zuerst eine rote (Karo, Herz) oder eine schwarze (Kreuz, Pik) Karte vorausgesehen hat. Fahren Sie in dieser Weise fort, bis Sie sowohl die Aufzeichnungen der Testperson als auch den Kartenstapel des Testpartners in der Tabelle ausgewertet haben.

Beobachten Sie sich daraufhin in der nächsten Zeit einmal genauer. Gehören Sie zu den Menschen, die Ereignisse vorausahnen, die dann auch tatsächlich eintreffen?

- Auch bei diesem Test können Sie verschiedene Bewertungskriterien anwenden. Sie müssen sich allerdings vor Beginn des Tests entscheiden, ob die Testperson die richtige Reihenfolge der Kartensymbole (Herz, Pik, Karo, Kreuz) oder die richtige Reihenfolge der Kartenfarben (Schwarz, Rot) vorhersehen wird. Wenn Sie diesen Test bereits mehrfach erfolgreich durchgeführt haben, sollten Sie bei der Zielvorgabe variieren – das erhöht den Schwierigkeitsgrad. Also immer abwechselnd die Kartensymbole und die Kartenfarben erkennen.

So beurteilen Sie Ihr Ergebnis

Die Trefferwahrscheinlichkeit beträgt auch hier 50 Prozent. Wie viele Treffer haben Sie erzielt? Zählen Sie Ihre Treffer zusammen, und vergleichen Sie Ihr Ergebnis mit unserer Skala.

Auswertung von PSI-Test 26

(52 Treffer sind möglich.)

Besonders viel PSI	34 Treffer und mehr
Gutes PSI	31 bis 33 Treffer
Wenig PSI	28 bis 30 Treffer
Keine PSI-Effekte	27 Treffer und weniger

Wenn Sie bei diesem Test ebenfalls gut abschneiden und ein überdurchschnittliches PSI-Ergebnis erzielen, dann scheinen auch Sie zu den Menschen zu gehören, die Ereignisse in der Zukunft voraussehen können. Um ganz sicherzugehen, ist es wichtig, dass Sie diesen Test insgesamt fünfmal durchführen. Wenn Sie jedes Mal ähnlich gute Ergebnisse erhalten, dann wissen Sie Bescheid: Sie besitzen diese Gabe. Allerdings kann diese PSI-Fähigkeit, wie in allen Tests in diesem Buch, die mit einem Partner durchgeführt werden, auch sehr stark von Ihrem Mitspieler abhängen. Um das zu überprüfen, sollten Sie jeden Test, den Sie zu zweit machen, mit verschiedenen Mitspielern durchführen. Anhand des Vergleichs der Ergebnisse können Sie leicht feststellen, ob Sie diese Fähigkeit unabhängig von Ihrem jeweiligen persönlichen Umfeld besitzen oder ob diese Gabe von einer oder mehreren Personen abhängt.

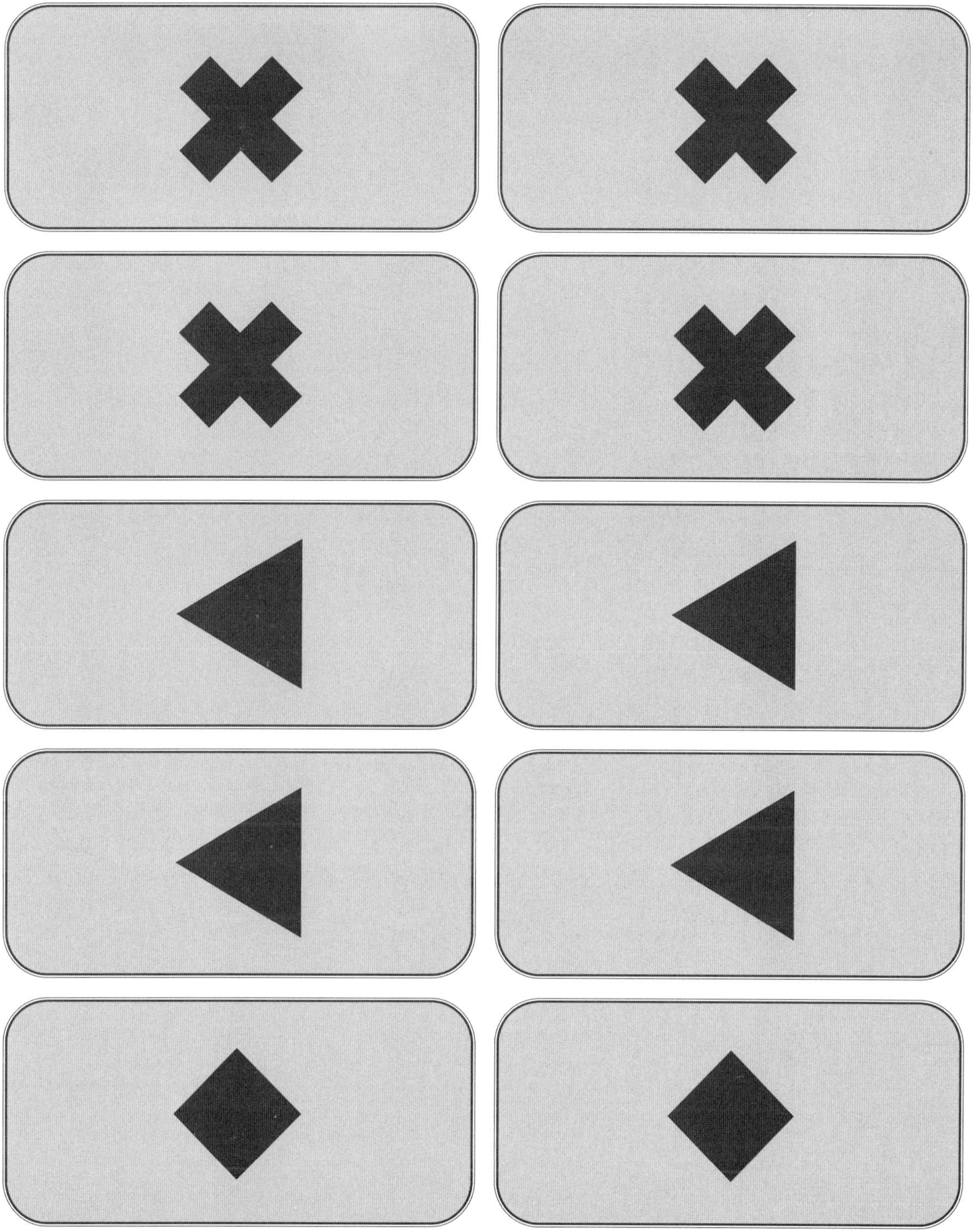

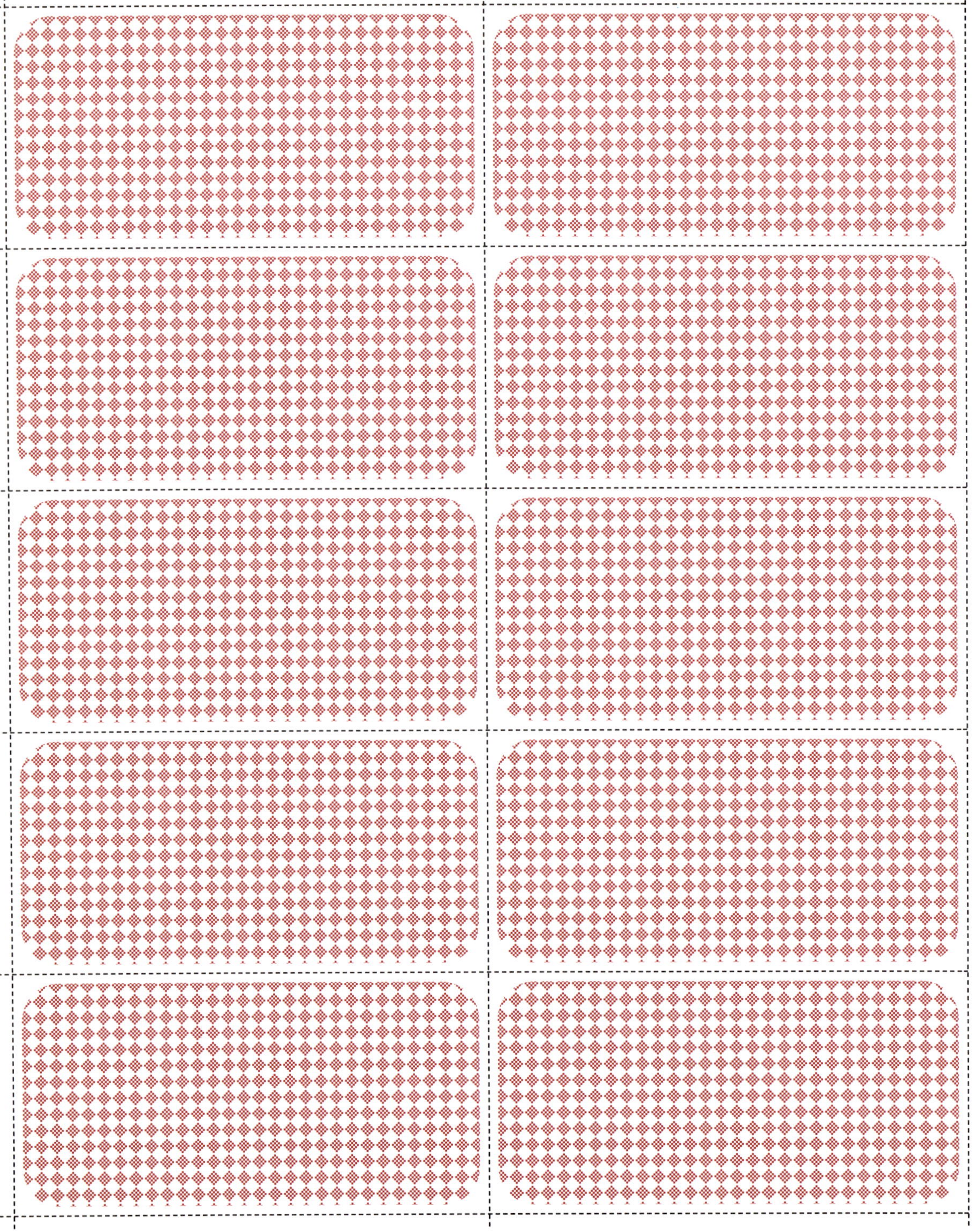

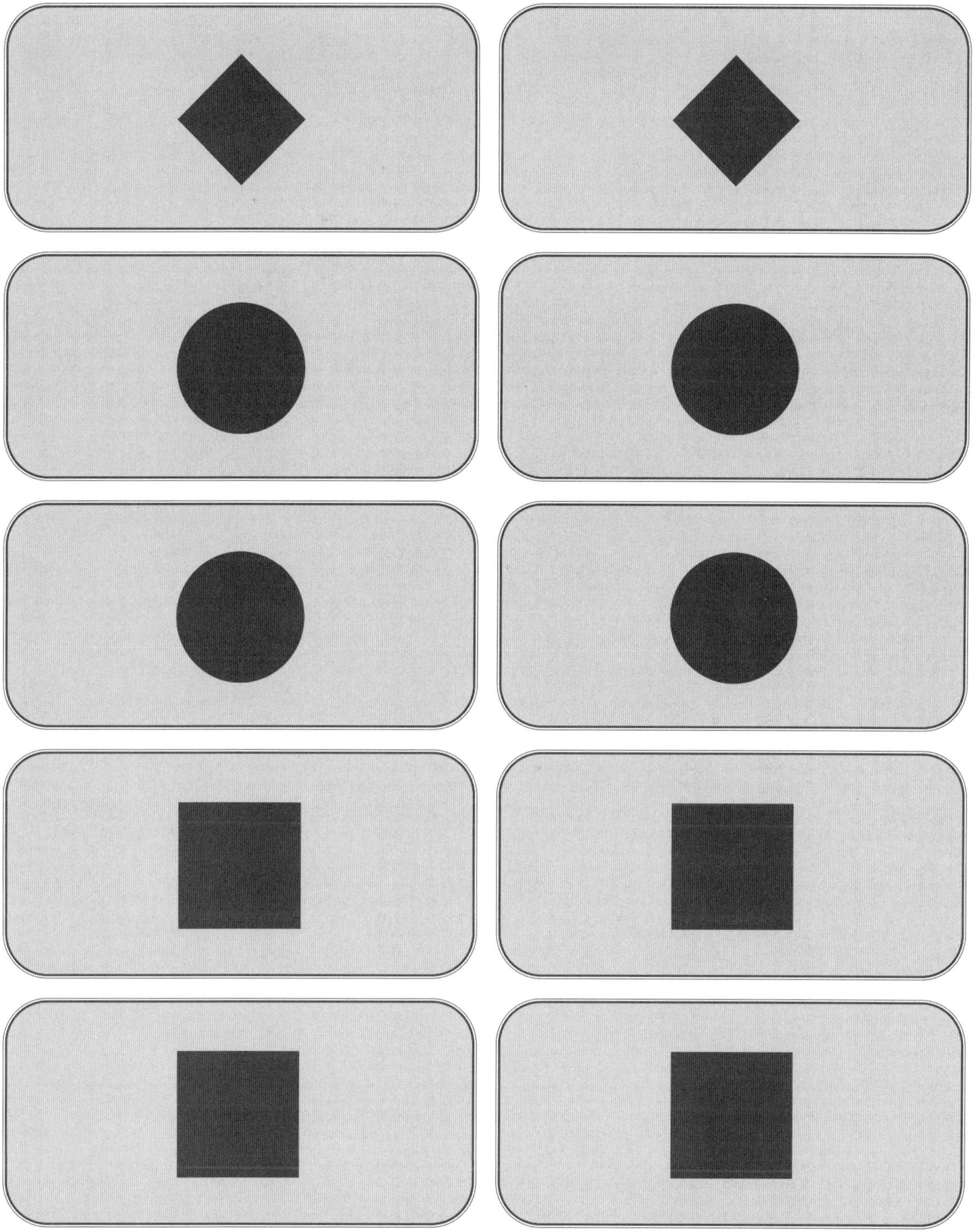

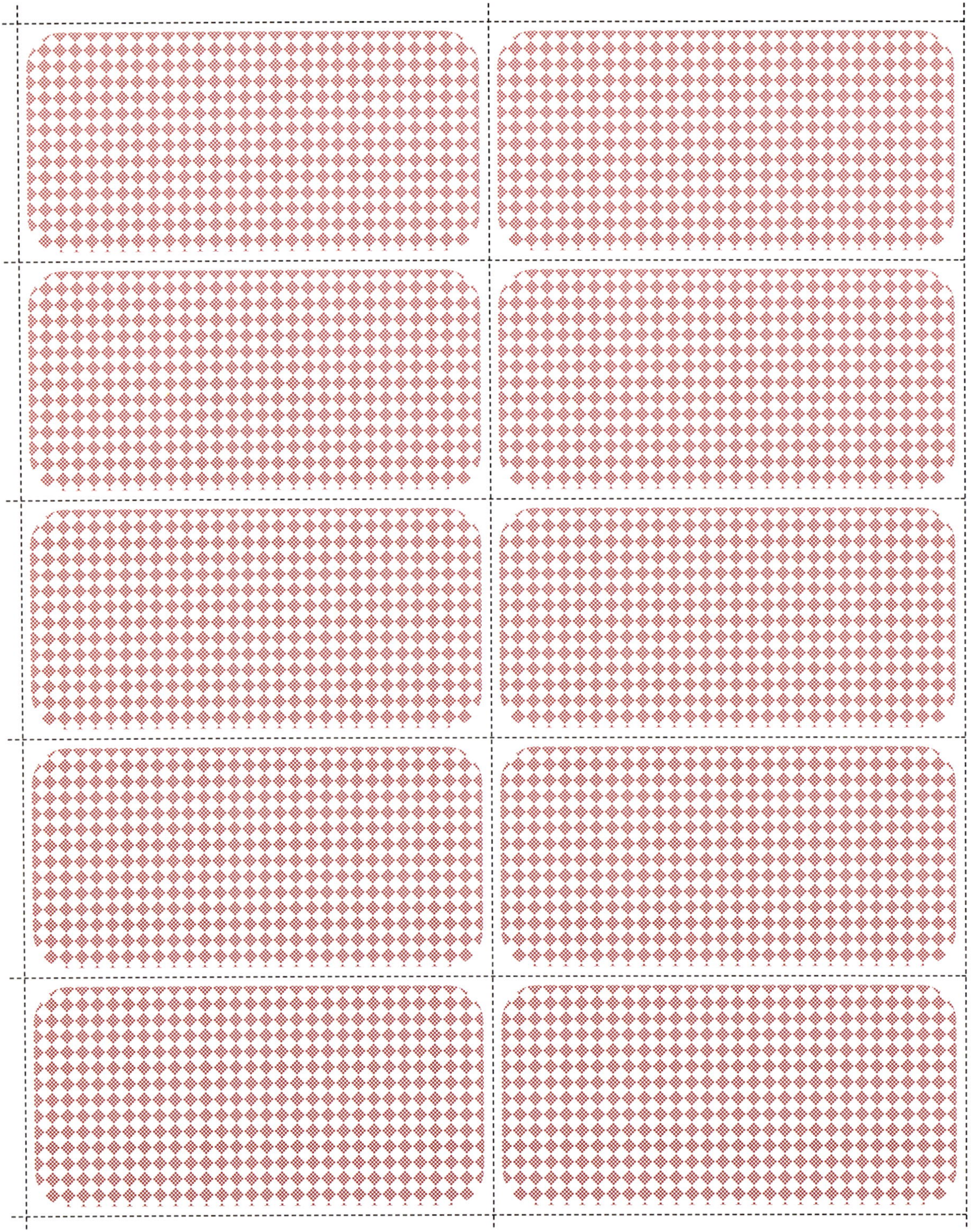

Literatur

Bender, H.: Telepathie, Hellsehen, Psychokinese. München 1989
Eysenck, H.: Haben Sie außersinnliche Kräfte? Düsseldorf 1997
Graves, T.: Pendel und Wünschelrute: Radiästhesie. Freiburg i. Br. 1976
Jung, C. G.: Der Mensch und seine Symbole. Olten 1984
Jung, C. G.: Über die Psychologie des Unbewußten. Zürich 1942
Rohr, W. von: Meditationen für den Alltag. München 1991
Weiler, P.: Das große Testbuch. München 1997
Weltzien, D. von: Das große Praxisbuch der Esoterik. München 1992

Über die Autoren

Martin Bensdorf studierte in Berlin Psychologie und Ethnologie. Mehrere Forschungsreisen führten ihn nach Osteuropa, in die Südsee und die USA. Nach langjähriger Praxis als Therapeut bringt er seine Erfahrung nunmehr als freier Autor in die Fach- und Publikumsliteratur ein. Zusätzlich hält er Seminare zum Thema angewandte Psychologie.

Katharina Richter ist Koautorin dieses Buches und absolvierte ein Studium der Sozialwissenschaften sowie der Mathematik mit Schwerpunkt Statistik und Wahrscheinlichkeitsrechnung in Hamburg. Im Zusammenhang mit ihrer Tätigkeit in der Erwachsenenbildung ist sie maßgeblich an der Entwicklung von Testverfahren im Bereich der Kommunikation beteiligt.

Impressum

Der W. Ludwig Buchverlag ist ein Unternehmen der Verlagshaus Goethestraße GmbH & Co. KG.

Redaktion
Claus Evers
Projektleitung
Berit Hoffmann
Redaktionsleitung
Dr. Reinhard Pietsch
Bildredaktion
Gabriele Feld
Umschlag
Till Eiden
DTP-Produktion
Maren Scherer
Produktion
Manfred Metzger (Leitung)
A. Aatz,
Dr. E. Weigele-Ismael
Druck
Weber Offset, München
Bindung
R. Oldenbourg, München

Gedruckt auf chlor- und säurearmem Papier

Printed in Germany

ISBN 3-7787-3700-7

Anmerkung der Redaktion

Diesem Buch liegt die im Juli 1996 in Wien beschlossene und seit 1. 8. 1998 verbindliche Neuregelung der deutschen Rechtschreibung zu Grunde.

Hinweis

Das vorliegende Buch ist sorgfältig erarbeitet worden. Dennoch erfolgen alle Angaben ohne Gewähr. Weder Autoren noch Verlag können für eventuelle Schäden, die aus den im Buch gemachten Hinweisen resultieren, eine Haftung übernehmen.

Bildnachweis

AKG, Berlin: 50; Fortean Picture Library, London: 7 (Dr. Susan Blackmore); IFA - Bilderteam, Taufkirchen: Titel / Fond (Chromosohm), 12, 17 (IT / tpl), 42 (Weststock), 70 (Nacivet); Image Bank, München: 61 (P. Ridenour), 68 (M. Funk); jump, Hamburg: 27, 78 (K. Vey); Südwest Verlag, München: Titel / Einklinker (M. Nagy); Tony Stone, München: 1 (R. Raymond), 20 (S. Cohen), 39 (K. Bearson), 56 (J. Darell), 84 (S. Peters); Transglobe, Hamburg: 45 (Index Stock Photography), 83 (Reporters)

Register